センスに関係なく
「最適な服」が選べる
スーツスタイルの教科書

たかぎ　こういち

一流に見える服装術

日本実業出版社

石津謙介先生と父に捧ぐ

まえがき

「明日は大事な商談。どんな格好だとうまくいく？」

「販売員にすすめられるままに高い値段のスーツを無理して買ったけれど、ほとんど着ていない」

「お気に入りのネクタイだけれど、合うシャツがない」

「センスのいい人の真似をしたけれど、自分が着るとイマイチ」

「安い服でも、それなりにカッコよく着こなせたら……」

「そもそも、毎日着る服を選ぶこと自体がわずらわしい、めんどくさい」


このように着ていく服を選ぶとき、迷ったり、悩んだりしたことはありませんか？

この本では、そんなビジネスマンの服装に関する問題を解決していきます。


私は40年以上ファッション業界に身を置き、海外のブランドを日本に紹介する仕事から、個人的なファッションのスタイリングアドバイザーまで幅広く活動してきました。

たとえば、オロビアンコ、リモワ、マンハッタンポーテージ、アニヤ・ハインドマーチなどの海外ファッションブランドを日本市場に紹介するプロデュースもしました。また、「東京ガールズコレクション」「デザイナーズ＆エージェント」など国内外のファッションイベントにも参画したり、国内外でファッション展示会を主催したりして、セールス、バイヤーも長く経験しました。

そのようななか痛感したのが、**仕事の能力はあるのに服装で大きな損をしているビジネスマンの多さです。** いわば、服装への無関心が、仕事の成果の大きなハンディになっているのです。

冠婚葬祭で着るべき服が決まっているように、**ビジネスのファッションでも「基本」があります。** しかし、ビジネスで着る服の選び方や着こなし方を学ぶ機会はめったにないため、基本を知らない人が多いのはそれもしかたがないともいえます。

私は仕事柄、メンズファッションに関する雑誌や書籍の研究も、実益を兼ねた趣味の1つになっています。

メンズファッションに関する雑誌や書籍を読んでいて、私にはある不満がありました。それは、**「ビジネススタイルの基本を体系的かつロジカルにわかりやすく書かれた入門書がない」**ということです。

その多くは「ファッション好きの人が、ファッション好きの人のためにつくったもの」ばかりです。しかも、紹介する服は普通のビジネスマンでは手が届かない金額のものばかり、というのも少なくありません。

しかし、正しいビジネススタイルは、そのような一部の人のものではなく、普通のビジネスマンがマナーとして知るべきものだと、私は考えています。

さらにいえば、「自分」という商品の包装紙ともいえる服装の基本をより正しく理解することは、決してオーバーではなく、ビジネススキルの1つです。ビジネスマンにとっての着る服は、仕事の成否を左右するといっても過言ではありません。

だからこそ、**「センスも知識もいらず、なるべくお金をかけずに最適な服を選べるような本があれば」**と思ったのが、本書を書いた最大の動機です。

本書は、これまでファッションにあまり関心がなかった方にも読んでいただけるように、**「再現性100パーセント」**となることを意識し、多くのイラストを用いながら、わかりやすく説明することを心がけました。

たとえば、**どんなときに、どんな服を着ればよいのか。**これはいわゆる**「T・P・O」と呼ばれる、「T（Time／時）」「P（Place／場所）」「O（Occasion／場合）」の問題です。**この3つのポイントを**「タカギ式フォーマル度数表」**としてチャートで見える化しました。さらに、服選びに欠かせない3つの基本として**「S（サイズ・シルエット）」「F（ファブリック）」「C（カラー）」**という3つのポイントを加えて**「6ポインツ・メソッド」**と名づけました。

他にも**「シャツとネクタイの最適な組み合わせ」**をイラスト化しています。また、ビジネスマンにとって、かぎられたお金で最大限のコスパ（コストパフォーマンス）となるよう、**「最低限これだけそろえればいい」**というものも解説しています。**「ブランドと価格帯による分布図」**も載せました。「人の振り見て我が振り直せ」ではありませんが、**「こんな格好をしたらNG！」**という服装も取り上げました。

人物の中身が「一流」になるにはそれほど簡単なことではありませんが、服ならすぐに変えられます。本書を読むことで、1人でも多くのビジネスマンが「一流に見える服装」を武器に、仕事で成果をつかみとることを願ってやみません。

第3章 一流は「自分の体型に合った服」を身につけている
～体型別の服の選び方～

第4章 一流は「アイテムを相手目線」で選ぶ
～アイテム別の選び方～

第5章 最少の投資で最大の効果を得る「これだけワードローブ」

ブックデザイン　小口翔平＋上坊菜々子＋山之口正和（tobufune）
写真　GettyImages/Topic Images Inc.
DTP　アイ・ハブ

第1章

一流は「身だしなみで人生が変わること」を知っている

ファッションで人生を変えたアメリカの大統領選

外見で人を判断しないのは愚か者である

オスカー・ワイルド

《 アイルランド出身の詩人、作家、劇作家 》

最初に、外見にまつわる有名な歴史的な実話を紹介します。

１９６０年のアメリカ大統領選挙で、ケネディ候補は劣勢の予想に反して勝利しました。理由の１つは、史上初めて大統領候補の２人のテレビ討論会が米国全土に放映されたことでした。

アメリカの７０００万人の国民が視聴して、２人に持った印象はどうだったのでしょうか。体調を壊しメークもしていない青白い病的なニクソン候補に対して、日焼けしてアイビーリーグ出身ゆえ服装にもスキのないケネディ候補は圧倒的に討論会を制したのです。ラジオ放送のリスナーはニクソンが勝利したと確信したにもかかわらずです。

このことは、外見から受ける印象に大きな効果があることを示す出来事としても注目されました。当時の新しいメディアであるテレビが普及し、人の外見が他の人に与える印象の重要性が認識されたのです。この傾向は現代になると、ますます強くなっています。

ファッションにルールはありません。しかし、**ビジネススタイルにはルールがあります。**

第一印象は一度だけです。そのたった一度のチャンスで信頼感や好感を相手に持ってもらう。そうすれば、その後のビジネスもスムーズに進みます。

ビジネスにおいて1つのプロフェッショナルな技術を身につけるには多大な時間も費用も必要です。しかし、**服装を変えるのは、誰でも簡単に今すぐできます。**服なら着替えるだけで、人生を変えることができるのです。

同じくアメリカ大統領選でのことです。これもファッションによる大きな影響力を示す例として、オバマ前大統領の話があります。

オバマ前大統領はWASP（ホワイト・アングロサクソン・プロテスタント）でない初めてのアフリカ系大統領でした。大都市シカゴで弁護士として開業していたことからも、外観の重要性をオバマ前大統領は十分に理解していたはずです。

彼の非常に重要な会見の際のスタイルが、濃紺のスーツにワイシャツ（ホワイトシャツ）でした。そしてネクタイは真紅の無地です。

これはアメリカ合衆国の国旗である星条旗の配色です。彼は公職の際に着用するのはほとんどワイシャツ（ホワイトシャツ）、ネクタイは無地、ブルーベースのレジメンタル（ストライプ柄のネクタイ）、小紋柄と非常にトラディッショナルなスタイルでした。ネクタイの結び目も美しく、その着こなしも見事でスタイリストの完璧な演出が垣間見られます。

外見が彼のインターネットを使った選挙戦とともに若者の支持を集めた要因の1つであったのは、まぎれもない事実です。もし、あなたも服装で一流に見られたいとしたら、オバマ前大統領のファッションはよいお手本になります。

アメリカ大統領も外見を意識して整えているように、ビジネスマンが外見を意識しないのは怠慢である

お詫び会見の服装で大損した政治家

何を着るかは世間に存在を示すこと。特に今の時代、人に届くのはとても早いから、ファッションは即興の言語になる

ミウッチャ・プラダ

《 イタリアのファッションデザイナー。プラダの創業者 》

次も政治家に関するものですが、服装で格を下げた人の話です。

２０１６年6月、当時の東京都知事の舛添要一氏が政治資金をめぐる公私混同疑惑の責任をとって辞任しました。発覚当初の強気な会見からは予想できなかった結果となりました。

残念ですが、元知事は外見をあまり意識なさっておられません。推測ですが、この方は報道されたようにお金には細かいタイプでしょう。知事時代も着用していたスーツは、１９９０年代の上着の肩にしっかりとパッドの入った肩幅の広いシルエットのものです。

倹約は美徳ですが、現在のスーツのシルエットは細身が主流ですから、この肩幅を広く見せるシルエットはまず時代遅れ感がたっぷりです。そのうえ、このスタイルは昔のマフィアが着用したように自分を大きく見せて相手を威圧する印象があります。

この上着を着用して上段から強気な発言を続ければ、その印象はいかなるものか簡単に想像がつきます。人は感情の生き物です。オバマ前大統領のように外見にも気を配れる人であれば、都民の印象も少しは違ったかもしれません。

「人の振り見て我が振り直せ」という言葉もあるように、後学のために元知事の服装についてもう少しお話しします。まずサイズ選びが間違っています。これは肩にパッドの入った上着のオーバーサイズを着用なさっているので余計に偉そうに見えます。ワイシャツも首まわりのサイズが合っていないので、だらしない印象を相手に与えます。中学校の新入生の制服ではないのですから、肩幅、着丈の上着のサイズが合ったワイシャツを着用しましょう。素材の合わせ方など、どこ吹く風。カラーに至っては失礼ですが、まったく意識していないのが明らかにわかります。

都知事という重要な立場にあり、いつも人と会ってお仕事をなさるのです。**社会的にも最低限のルールに沿った服装を心がけるのは義務**といっても過言ではありません。

服装は、社会人として大事な教養の一部。
地位や業種を踏まえたスタイルを心がける

日本人らしからぬ服装でGHQに恐れられた白洲次郎

外観という者は、
いちばんひどい偽りで
あるかも知れない。
世間というものはいつも
虚飾に欺《あざむ》かれる

ウィリアム・シェイクスピア

《 英国の劇作家 》

次に、戦後占領下の日本で連合国軍と対等に渡り合った、ある日本人の服装の話です。1945年、第二次世界大戦の敗戦によって、日本は連合国軍の占領下にありました。その後、米国軍主体の連合国軍側との交渉にあたったのが、当時外務大臣の吉田茂の懐刀《ふところがたな》の白洲次郎でした。

白洲次郎は、1902年（明治35年）に兵庫県芦屋に生まれました。彼は1919年（大正8年）、17歳のときに神戸一中を卒業しましたが、素行が悪かったために、イギリスのケンブリッジ大学クレア・カレッジに聴講生として留学することになりました（のちに、自ら「島流しにされた」と語っています）。

追いやられた身でしたが、日本から留学中の皇族や華族、資産家の師弟、そして英国のエリートたちとも交流を持ちながら、青春を謳歌します。

1928年（昭和3年）、昭和恐慌のあおりを受けて、父が経営する「白洲商店」が倒産し、やむなく彼は26歳で帰国。翌年に樺山《かばやま》伯爵家の次女、正子（19歳）と結婚しました。その後、留学時の人脈を活かして英字新聞の記者や外資系企業の取締役を歴任し、たびたび海外へ出かけます。その頃、駐英大使の吉田茂や近衛文麿《このえふみまろ》らと親交を深めました。

1945年、日本は敗戦を迎え、吉田茂らからの要請で白洲次郎は終戦連絡事務局参与に就任します。翌年3月に次長に就任し、GHQ（連合国軍最高司令官総司令部）との交渉役となりました。彼は日本側の窓口として圧倒的に不利な状況のなか、GHQと対等に、いやそれ以上に渡り合いました。新憲法草案から公布にまで関わり、その後も政府や企業の要職を歴任しました。

彼の経歴から、ケンブリッジ大学のイギリス上流階級のキングス・イングリッシュを話したことに疑いはありません。米軍側資料に彼の上から目線の英国英語が気に入らなかったとの記述も残っています。しかし、ここは勝者と敗者との不公平な交渉の場です。キングス・イングリッシュもそうですが、彼の大きな武器になったのは、彼の正統かつ洗練された英国流の着こなしでした。

当時のイギリ英国王室御用達（ロイヤルワラント）の超一流店にスーツやシューズを彼が注文した記録が残っています。テトリー＆バトラーでのツイード・スーツ。1849年創業のジョン・ロブのシューズ。ハーヴィー＆ハドソンのシャツ。1676年創業のジェームズ・ロックの帽子。すべて「ビスポーク（bespoke）」、つまり特別仕立品でした。まさに正統なる英国貴族そのものの着こなしです。

一方、彼の交渉相手であるＧＨＱのメンバーの服装はというと、当時の米国経済は軍需優先で、洋服も例外でなく管理され、それほど高価なものを着ていません。

何より国の歴史が浅い米国人は、伝統ある王室を持つ英国に劣等感を抱いていました。そのようななか、敗戦国の交渉相手が、戦勝国側のメンバーと比べものにならない良質の正統な英国流のいでたちということに、どんな思いだったのか。白洲次郎がＧＨＱから「従順ならざる唯一の日本人」と呼ばれたように、一筋縄でいかなかったのは容易に想像できますが、この正統派の服装も少なからず影響していたはずです。

その残した言動から、白洲次郎は多くの粋な生き様のエピソードが伝わっています。「日本で最初にジーンズを履いた男」としても知られ、文字通りその〝格好〟のよさも語り継がれた人物です。彼がもし英国に留学しておらず、ＧＨＱとの交渉でもごく普通の当時の日本人の格好をしていたら、日本の歴史は変わっていたかもしれません。

正しい服装は、交渉相手の印象をガラリと変える。
スーツは男の戦闘服である

スティーブ・ジョブズのタートルネック

上品さとは飾らないこと

クリストバル・バレンシアガ

《スペイン出身のファッションデザイナー。バレンシアガの創設者》

アップル社の創業者であるスティーブ・ジョブズのタートルネックにリーバイス501のデニム、そしてニューバランス991のスニーカー、というスタイルは多くの人に知られています。

彼のプレゼンテーションでのタートルネックにデニムという服装は、世界中の人々に強い印象として残る一方で、いかにも飾らない普段着のイメージです。よくこのスタイルが「ノームコア（究極の普通）」と表現され、メディアで紹介される機会もあります。しかし、事実は小説より奇なり。そこにはファッションで大きな学ぶべきヒントがあります。

「神は細部に宿る」とまで公言していた、完璧主義者のジョブズが自分自身のスタイルに無関心だったわけがありません。

彼が投資家や金融関係者と会う際には、イタリア・ローマの名門テイラーであるブリオーニの高価なスーツを着用していたのは有名な話です。彼は相手に合わせて自己表現としての服装を熟知していたわけです。

1980年代に、彼が憧れていた企業であるソニーの厚木工場を訪問したときのことです。働く従業員たちがISSEI MIYAKEのデザインのユニフォームを着用している光景を見て、こう質問したそうです。

「なぜ、従業員たちが同じ服装で働いているのか？」

それに対して、創業者の盛田昭夫氏による「制服を着ることでソニーの一員ということを実感することができるんですよ」という言葉に、彼は深く感銘を受けたそうです。

それが縁となり、ジョブズはニューヨークのISSEI MIYAKEのブティックで黒に近い濃紺のタートルネックのＴシャツをまとめ買いしました。これが彼自身のユニフォームとなります。

しかし、その後お気に入りのタートルネックは廃盤商品となってしまいました。当時の様子をISSEI MIYAKEの元メンズデザイナーであった滝沢直己氏によると、販売が終了していたので特別注文で作ることにしたそうです。前面に１本の縫い目が入ったタートルネックのＴシャツです。ジョブズは「このラインがあるとすごく落ち着く。素材も色もパーフェクトだ」と評価していました。

その後、仮縫いを終え、仕上げたタートルネック数百枚がアメリカへ納品されました。ところが、すぐに返品されてしまったのです。同じ糸、同じ加工でも素材の風合いが微妙に少し違ったそうです。

職人肌の滝沢氏は、ジョブズの指摘についてテキスタイルデザイナーと話し込み、素材から作り直しました。

タートルネックは再度納品されると、ジョブズからお礼とともに「これこそ、自分が求めていたものだ」とあらためて数百枚のオーダーがきたそうです。ジョブズが服装にも完璧を求めることが伝わる逸話です。

細部まで妥協なき仕事ができる男の人生は成功につながる。
それは才能でなく、小さな努力の継続

服装を変えただけで、営業成績が劇的にアップ

ファッションは毎日を生き抜くための鎧《よろい》である

ビル・カニンガム

《 NYタイムズの伝説のファッションフォトグラファー 》

ここまではファッションにまつわる、さまざまな著名人のエピソードを紹介してきましたが、この章の最後はもう少し日常的な事例です。

30代後半の政府系の金融機関に務める営業マンのMさんから、私が服装のアドバイスを依頼されたときの話です。

Mさんはこれまでファッションにはまったく興味がない人生を送ってきました。しかし、Mさんは営業成績が伸び悩み、それには外見も関係しているのではないかと考え、知人を通して私のところに相談に訪れました。

まず、Mさんのワードローブを拝見すると、何十年もずっと着ている服や思いつきで買った服などバラバラ。スーツもいかにも仕事着という感じでした。Mさんはスタイルも性格もいいのに、女性とは縁遠い過去の話もうかがいました。

そこで、まずはスーツを買い直し、それに合うワイシャツ、ネクタイ、靴、メガネを選び、最後に髪型まで変えていただきました。

そして、スーツ着用時の留意点と私のメソッド（詳しくは第2章）をお伝えし、次の日からMさんは服装をすべて変えて出社しました。

１週間後にＭさんに会ってお話をうかがうと、「女性ってこんなにも男性の服装を見ていたとはまったく気づかなかった」とのことです。

Ｍさんは着替えて出社した日から、女性スタッフの対応が変わって驚いたといいます。社内の根回しに女性陣が協力的になり、仕事がスムーズに流れるというのです。

Ｍさんは「女性による社内の評価が、実績より見た目で変わったのは驚きを超えて理不尽だ」とも述べていました。


また、Ｍさんが営業で扱う主要商品は住宅ローンのため、その決定権は夫でなく奥様が持っているケースが多いそうです。服装を変えただけで、奥様方が比較検討されるローンの決定率がぐっと上がったそうです。さらに、顧客の住宅ローン保険の紹介販売率も、紹介された奥様方が必ず申し込んでくださって何と１００パーセントに。

当然、社内でのＭさんの業績評価も上がります。さらに、Ｍさん自身も自信がつき、仕事の姿勢も以前にもまして前向きになっていきました。そのやる気がお客様に伝わり、ローンの契約率も上がるという理想的なスパイラルにつながりました。

服装は変わりましたが、Mさんの能力が変わったわけではありません。しかし、結果は大きく変わりました。「外見は自己表現」といわれることに、大きくうなずけます。

あなたが「何者であるか」を相手に一瞬で伝えるのが外見。服によってあなたが変わるから、人生が変わる

第2章

一流は「その場に最適な服装」を着こなす

~T・P・Oにふさわしい服の選び方~

ビジネスシーンにおける服装には原理原則がある

かけがえのない
人間になりたいのなら、
人と同じことを
してちゃだめよ

ココ・シャネル

《 フランスのデザイナー。シャネルの創業者 》

私は海外でのファッション展示会の主催や海外のファッション企業との取引業務を通して、ロンドン、ニューヨーク、パリ、ミラノ、台北、香港などで世界のビジネスマンと長く多岐にわたる仕事をしてきました。

そこで、日本人のビジネスマンが服装で大きな誤解を持たれたり、損をしていたりする光景を目の当たりにしてきました。これは、日本では服装についての基本的なルールを学ぶ機会がないためです。

日本で「洋服」についてきちんと触れられたものとしては、元号が「明治」に変わった１８６７年に、福沢諭吉が片山淳之介のペンネームで著した『西洋衣食住』に洋服の着方が図式入りで説明されています。

その後、日本人が洋服を日常的に着るようになるのは、明治政府が１８７２年（明治５年）11月12日に「爾今《じこん》（以降）、礼服ニハ洋服ヲ採用ス」という太政官令３３０号が布告されたのが始まりです。

その明治政府が日本への洋装導入のお手本としたのは、大英帝国（イギリス）でした。ところが、明治政府が洋服文化を輸入するにあたり大きな誤りがありました。

ハードである洋服自体は熱心に輸入され研究されたのですが、ソフトである大切なドレスコードまでは輸入されなかったのです。そのため、和装文化と洋装文化との大きな概念の違いが生まれたのです。

では、「Time（時間）」「Place（場所）」「Occasion（場合）」の略である、「T・P・O」を踏まえた洋服の正しい選び方について、日本ではどのように広まったのでしょうか。日本では1964年に日本のメンズファッション・イラストレーターの先駆者である穂積和夫氏が著書『着るか着られるか』（三一書房／復刻版・草思社）で初めてエチケットとして、時と場所と場合にふさわしい服装をしましょうと記しています。

さらに1965年、アイビールックの生みの親で、VANの創業者としても知られる「日本のメンズファッションの父」と尊敬される石津謙介氏が、その著書『いつ・どこで・なにを着る？』（婦人画報社）でT・P・Oについて、さらに具体的に説明しています。

その後、T・P・Oという言葉は一般にも認知されましたが、残念ながら一般の方々にまでその具体的な意味が十分に根づいたかというと疑問が残ります。

そこで、私はその解決策を見つけるために、さきほどお伝えした明治政府がお手本にしたイギリスのビジネススーツのルールをひも解いていきました。また、10代から収集していた国内外のファッション雑誌・書籍をはじめとする、さまざまな資料を研究すると同時に、米国のメンズスタイリングコースも受講しました。

その結果、ビジネスシーンを中心とする服装の選び方には、歴史的かつわかりやすい原則があることがわかりました。つまり、その原則に従うだけでT・P・Oを踏まえた正しい服装が選べるのです。

次項で、T・P・Oを見える化した「タカギ式フォーマル度数表」とともに解説していきます。

ビジネススタイルには原理原則がある。
その原理に沿うだけでビジネススタイルは失敗しない

T・P・Oを踏まえた正しい服の選び方

服装は必ずしも
男を作らないが、
男に自信と満足感を
与えるというのは
少なくとも納得できる
事実である

ジョージ・フレイジャー

《 アメリカのジャーナリスト 》

ビジネスシーンを中心とする服装の正しい原理原則をまとめた「6ポインツ・メソッド」について、とくに次のような方に向けて説明していきます。

- ○**服装にあまり関心がない方**
- ○**自分の服選びのセンスに自信がない方**
- ○**お洒落に見せたいけれど、どんな服を選べばいいかわからない方**
- ○**人前で話す機会が多い方**
- ○**ご主人の服装に不安がある奥様方**

このメソッドをもとにした表によって、誰でも簡単に「T・P・O」に最適な服装がわかるようになります。「T・P・O に最適」とは、その場にふさわしい服装とアイテムをまとうことです。これは**フォーマル度**によって決まるのです。

服をまとわない姿を1度（この本では、服装選びに悩むことの多い4度から解説）、最もフォーマル度の高い正礼装を10度としています。4度～10度の7つの段階で、それぞれに最適な服装とアイテムを示しています（この「T・P・O」を見える化したものか「タカギ式フォーマル度数表」)。

表の見方は簡単です、T・P・Oの欄に想定される「場」を取り上げています。それに沿って、紹介しているアイテムを着用するだけです。

たとえば、10度は、厳格なルールが現代も守られている正礼装を着用すべき場です。正装が求められるパーティーに参加したときに、浮いた格好をしている人を見かけます。これは、まさにフォーマル度を大きくかけ違えているから、その場にふさわしくない格好になるのです。ただし、8度以下は前後のフォーマル度数プラスマイナス1度のアイテムを選んでも大丈夫です。

この度数表を参考にすれば、服装による間違いは起こりません。

さらに、この表は次のようにも、活用できます。

○お手持ちのワードローブと比較して、不足しているアイテムが明確になる

○アイテムの全体像から今後の購入計画が立てやすくなる

では、実際に4度〜10度の表を見てみましょう。

タカギ式フォーマル度数表
【4度】

TPO	スポーツ観戦 ←		親しい友人同士		→ 近所へお出かけ ショッピング
上着	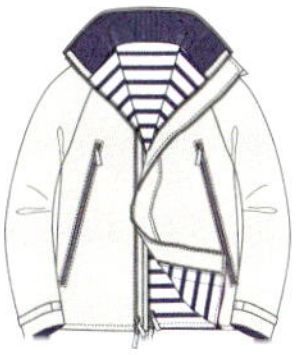 カジュアルブルゾン		 シャツジャケット		 デザインパーカ
ボトム	 ミリタリーパンツ		 ダメージデニム		 ニットパンツ
シャツ・インナー	 グラフィックT	 派手なチェック柄	 デザインポロ	 グラフィック スェット	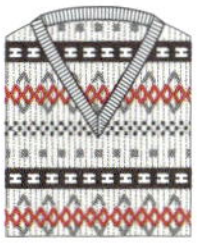 太番手セーター
ネックウェア	 ジャガードニットマフラー		 ケーブルニットマフラー		 バンダナ
靴	 デザイン スニーカー	 デッキシューズ		 スポーツサンダル	 ハイカットスニーカー

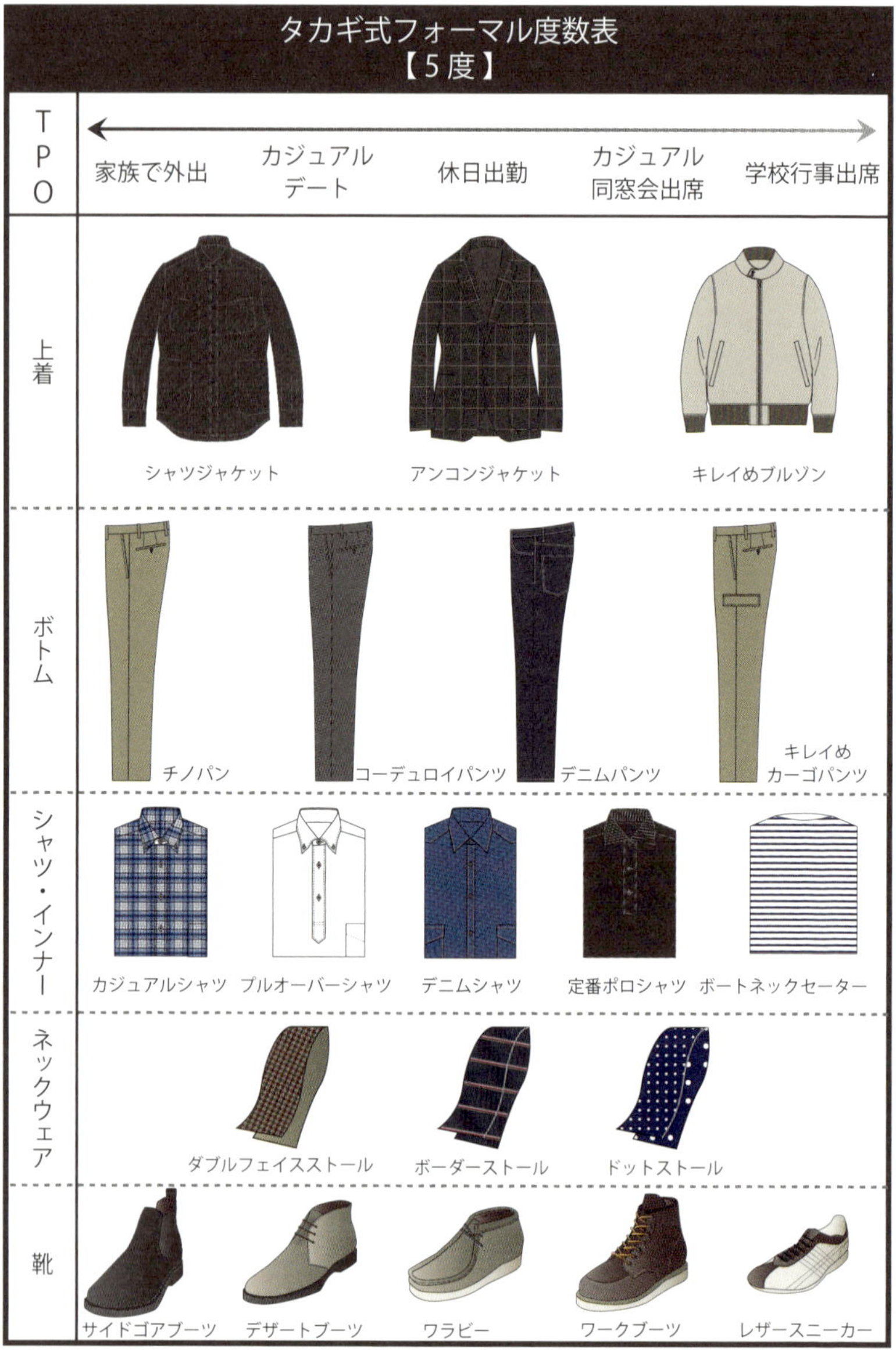
タカギ式フォーマル度数表
【5度】
TPO
家族で外出
カジュアルデート
休日出勤
カジュアル同窓会出席
学校行事出席
上着
シャツジャケット
アンコンジャケット
キレイめブルゾン
ボトム
チノパン
コーデュロイパンツ
デニムパンツ
キレイめカーゴパンツ
シャツ・インナー
カジュアルシャツ
プルオーバーシャツ
デニムシャツ
定番ポロシャツ
ボートネックセーター
ネックウェア
ダブルフェイスストール
ボーダーストール
ドットストール
靴
サイドゴアブーツ
デザートブーツ
ワラビー
ワークブーツ
レザースニーカー

タカギ式フォーマル度数表
【6度】
TPO
通勤
セットアップ
社内交流
イベント参加
カジュアル
フライデー
気張らない
出張
上着
コットンジャケット
ブレザー
ニットジャケット
コードレーンジャケット
ボトム
クリースありの
チノパン
ウール
グレーパンツ
キレイめデニム
ホワイトデニム
シャツ・インナー
シャンブレーシャツ
柄ボタン
ダウンシャツ
ポロシャツ
V-ネック
セーター
クルーネックセーター
ネックウェア
柄ニットタイ
カジュアルタイ
プリントタイ
靴
ローファー
サドルシューズ
ビットモカシン
スウェードローファー
レザースニーカー

タカギ式フォーマル度数表
【7度】

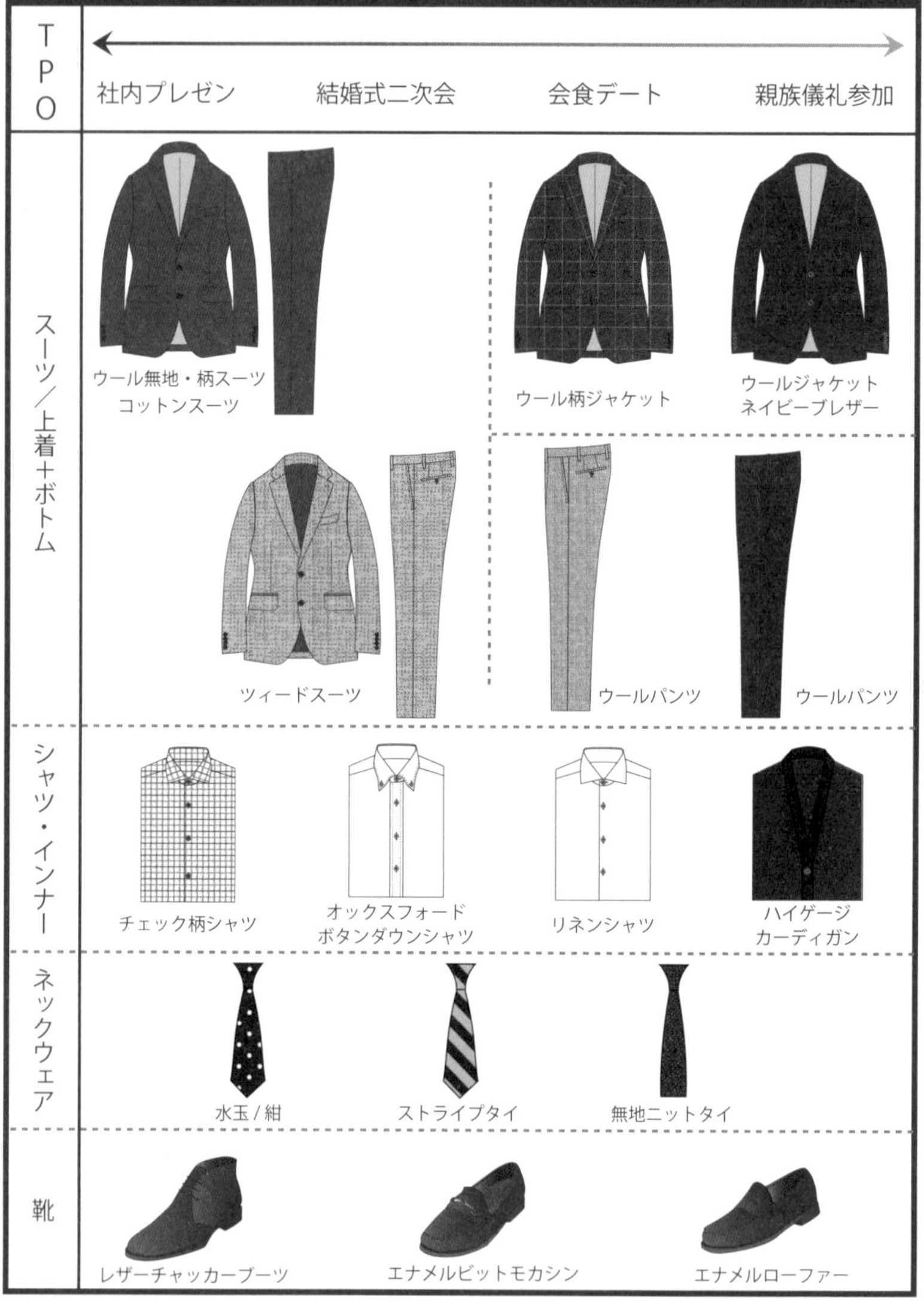

タカギ式フォーマル度数表
【8度】

TPO

上得意先ご挨拶 ←→ 新規先最終プレゼン ←→ 社内公式式典

タカギ式フォーマル度数表
【9度】

タカギ式フォーマル度数表
【10度】

TPO	公式行事 ←→ 結婚式(家族)
上着	 燕尾服 / タキシード / モーニング
ボトム	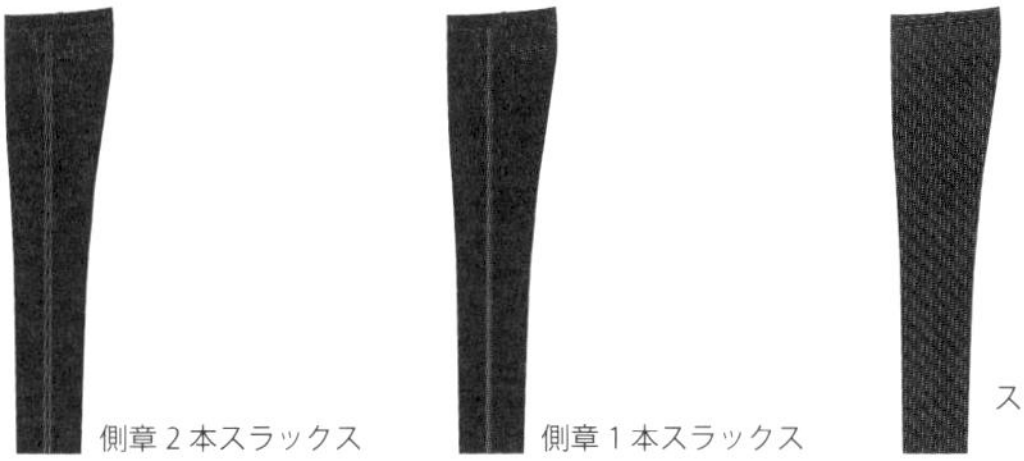 側章2本スラックス / 側章1本スラックス / ストライプコール地スラックス
シャツ・インナー	 ウィングカラーシャツ / レギュラーカラーシャツ
ネックウェア	 ホワイトボウタイ / ブラックボウタイ / ブラックタイ / シルバータイ / 礼装ストライプタイ
靴	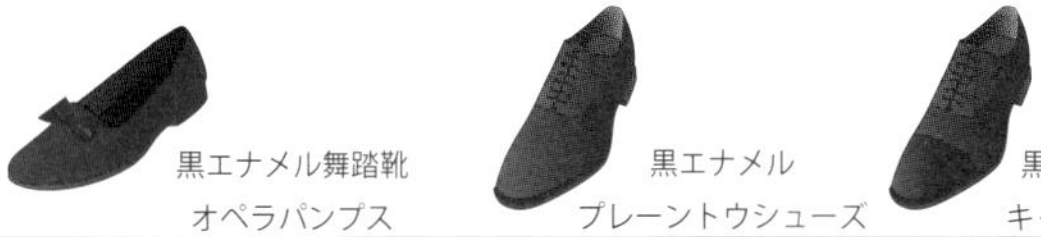 黒エナメル舞踏靴 オペラパンプス / 黒エナメル プレーントウシューズ / 黒ストレートチップ キャップトウシューズ

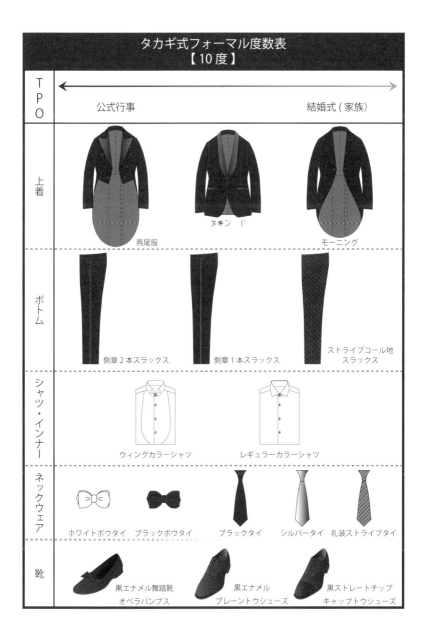

近所に出かけるときの4度から「正礼装」の10度までを場面に沿って設定したフォーマル度数について、補足説明します。

たとえば、フォーマル度数8度の社内公式式典にはスーツは目立たない柄のウールスーツ、シャツ、ネクタイ、コート、靴も表にあるアイテムを選べばよい、というわけです。フォーマル度数が下がれば、よりカジュアルなスタイルになります。そうやって選んだ場面にふさわしいアイテムが簡単に選べます。

8度以下は、上下段のアイテムも許容範囲内という話をしました。つまり、8度であれば9度のアイテムと7度のアイテムも選択できます。下段のアイテムが増えればよりカジュアルになります。上段のアイテムが増えればフォーマル感が増します。

次項以降では、「6ポインツ・メソッド」の残り3つ「S（サイズ・シルエット）」「F（ファブリック／素材）」「C（カラー）」について解説していきます。

T・P・Oと、さらに正しくS（サイズ・シルエット）、F（ファブリック）、C（カラー）を組み合わせると完璧

S（サイズ・シルエット）

〜自分のサイズに合った服の選び方〜

お洒落のポイントは服自体よりもむしろ、着こなし方にある

オノレ・ド・バルザック

《 フランスの小説家 》

次は、**自分に合った服の選び方、着こなし方**についてです。まず**正しいサイズ（シルエット）の服を着用するのは基本中の基本です。**

本来、洋服は体型に合うようにその人ごとに仕立てていましたが、既製服が普及して、現在はそれが一般的になりました。

男性用のスーツの既製服には、国や地域、メーカーによってサイズ表示が異なります。自分の身長や体重を考慮して最適なサイズを選びましょう。

ただし、昨今はＩＴ化や工場の効率化でスーツ作りの技術が目覚ましく進歩して、安価で入手できるセミオーダースーツも身近になりました。

元来、人間の体は左右対象ではありません。手の長さ、足のサイズも若干違うのが普通です。とくにポッチャリ、やせ気味の体型の方にはぜひセミオーダースーツをおすすめします。

では、自分に合った服装のそれぞれのチェックポイントを見ていきましょう。

自分に合った服を選ぶ5つのポイント

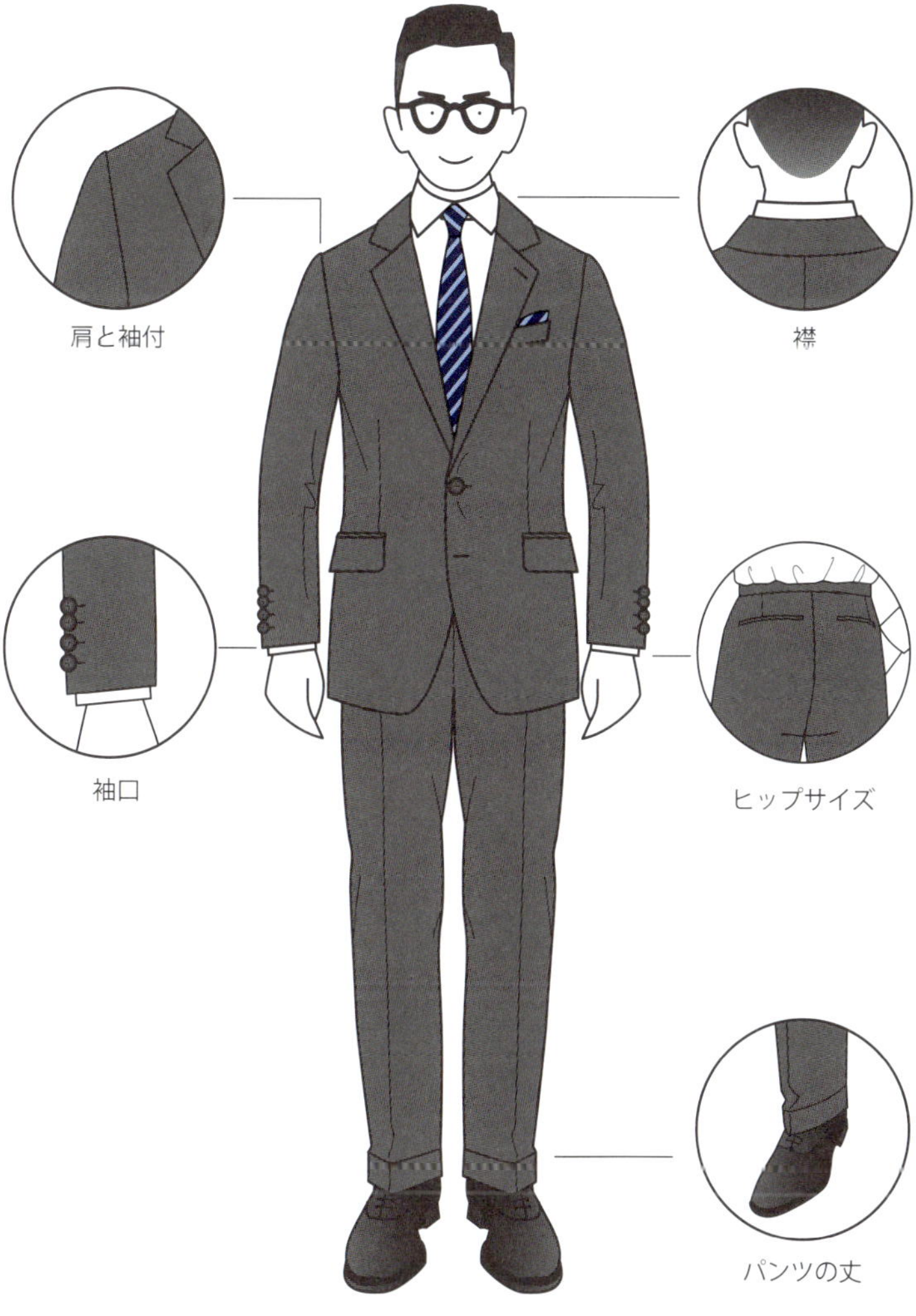

上着

まずは上着の肩幅があなたの肩幅にちょうど合う、肩から上着が落ちていないサイズを選んでください。上着と袖の付け根がきちんと肩に乗っている状態です。

上着は肩で着ます。上着の一番下のボタンは止めません。ボタンを止めた際に拳《こぶし》が1つ入る程度の余裕があるのが適切です。

上着の丈は、お尻がギリギリ隠れるくらいが標準です。ボタンを止めたときに背中や前に不自然なシワがないのがジャストサイズです。既製服も袖、上着の丈は調整できます。自分の体型に合うようにサイズをお直しすることをおすすめします。

上着の袖の長さは、ワイシャツが1・5センチ前後見える長さに合わせます。上着着用時に後ろのシャツの襟《えり》が同じく1・5センチ前後が見えるのが適切です（47ページのイラスト参照）。

――パンツ

ウエストはベルトなしで履けるのが正しい「ジャストサイズ」です。実寸プラス３センチのサイズくらいが目安です。股上は浅すぎないのが標準で、浅すぎや逆に深すぎはバランス悪く見えます。

次に大切なのは、ヒップのフィット感です。ヒップのたるみがあると、だらしない印象になります。お腹が出ている方には、まずヒップの合うサイズを選び、ウエストをお直ししましょう。スポーツマンタイプの筋肉でパンパンな太ももの方にも、まずはヒップをフィットするよう合わせることをおすすめします。

もものワタリは細すぎず、太すぎず、実寸のプラス10センチくらいが目安です。

裾の幅は、ビジネスシーンでは標準が20センチです。裾の折り返しは、シングルがよりフォーマルです。ダブルにしてパンツのシルエットを美しく見せるというのもありです。折り返し幅は３・５～４センチが標準です。タックがあるかどうかは関係なく、ポケットやタックが着用時に開くのはサイズに無理がある証拠です。

普通体型の方はノータックかワンタック、肥満型の方にはツータックがおすすめです。

パンツの丈は、最近はワンクッションが標準です。靴の甲にかかってワンクッションのたわみがちょうどよい長さです。長すぎるのはだらしなく、短いのはビジネスシーンではお話になりません。サイズの合ったスーツを着るべく、自分の体型の特徴に合わせたお直しを惜しまずに（第3章の体型別のイラスト参照）。

ワイシャツ

首まわり、肩幅、袖の長さが合ったサイズが基本です。首まわりは第一ボタンを締めて指が2本入る程度がベストです。意外と大きめのサイズを着用なさっている方が多いです。首まわりのサイズが正しいと印象も変わります。

襟腰（首に沿って立っている部分）はネクタイを通すのに、約4センチが適正です。襟腰が高すぎるデザインなどは避けてください。襟の形は従来のレギュラーカラー（90度の開き方）から少し広いワイドタイプが標準です（140ページのイラストを参照。避けたいデザインもイラストで解説しています）。

肩幅は袖が落ちないサイズ、袖は手を自然に下に降ろしたときに手首が隠れる長さが標準です。先述したように、上着の着用時に袖口から1・5センチ前後出る長さです。胸まわり、腰まわりにもダブリのない自然になじむサイズを選んでください。

ブカブカしたものやボタンが千切れそうなサイズはもちろんNGです（第3章の体型別のイラスト参照）。

試着時の留意点

試着をするとき、通常は直立不動で着た感じを確認して終わらせる方が多いです。けれども、日常で着ることを考えると、試着時に座ったり、歩いたり、腕を上げたりしてみてください。意外なお直しが必要なところも見つかったりします。また、後ろ姿も重要です。鏡に映った後ろ姿をスマホで写真を撮って確認できます。

正しいサイズを選び、正しく着こなすと、美しいシルエットはあなたの体型までもカバーしてくれます

F（ファブリック／素材）〜季節に合った素材の選び方〜

エレガンスとは目立つことではなく記憶に残ることだ

ジョルジオ・アルマーニ

《 イタリアのデザイナー 》

スタイリングの重要な要素として、T・P・Oに加え、「サイズ・シルエット（S）」と「素材（F）」と「カラー（C）」がバランスよく組み合せられれば完璧です。

サイズとカラーについては、さまざまなファッション雑誌や書籍などでもよく語られるのですが、素材の組み合わせについてはあまり触れられていません。しかし、この組み合わせは大切なポイントの１つです。

日本は四季がはっきりとしています。この四季に合った素材を身につけられるかどうかは与える印象と密接に関わってきます。そこで、最適な素材を選ぶポイントもわかりやすく一覧表にしました。

ビジネススーツの素材もシーズンに分けると、より印象がよくなり、服装への気づかいを感じさせます。次のページにあるのは、スーツとシャツとネクタイの相性がいい素材一覧表です。

この一覧表の見方は、至って簡単です。スーツの素材の並びにある素材のシャツ・ネクタイを合わせるだけです。季節感あふれる素材の服装で、気分も切り替えて１年を通して充実させたいものです。

タカギ式 素材の組み合わせ一覧表

	スーツの素材	シャツの素材	ネクタイの素材
春・夏	・サマーウール ・モヘヤ	・細番手の綿 ・麻混 ・綿混	・シルク ・無地ニットタイ ・シャンブレー
	・綿(コットン) ・麻(リネン)	・オックスフォード綿 ・麻 ・麻混	・綿 ・リネンタイ ・柄ニットタイ
秋・冬	・ベルベット	・シルク ・細番手の綿	・フォーマルタイ ・シルクタイ
	・フラノ	・細番手の綿 ・綿混	・ウールタイ ・シルクタイ
	・ツィード ・ホームスパン	・オックスフォード綿 ・綿混	・シルクタイ ・ニットタイ ・ツィードタイ
通年	・ウール ・ウール化繊混	・細番手の綿 ・ブロード ・サテン ・綿混	・シルク ・無地ニットタイ ・ウール

季節感のある素材として、たとえば夏の麻、フォーマル度は低くなりますがコットンスーツがあります。他にも、軽量な素材を使った、見た目も涼しいコードレーンジャケットはブルー系とホワイトの組み合わせにすると、さわやかな印象を与え、好感度は高くなるでしょう。

逆に、寒い冬に厚手のツィード、フランネル、ホームスパンの素材のものを身にまとうと、それだけで暖かさを醸し出します。

四季の豊かな日本だからこそ、四季ごとの素材を意識した服選びによって、お洒落度もワンランクアップします。

季節感のある素材を着用するのを、意識していない人が多い。素材同士のバランスも大切

C（カラー）～色の合わせ方～

青は藍《あい》より出でて
藍より青し

荀子《じゅんし》

《 中国の思想家・儒学者 》

私がビジネススーツのスタイリングをアドバイスする際に、最も多く聞かれる質問が**スーツとシャツとネクタイの組み合わせ方**です。とくに、シャツとネクタイのカラーの合わせ方については悩みのタネという人も多いでしょう。そこで、実践的な一覧表を2種類ご用意しました。

まず、スーツを基本色のネイビーとグレーに分けました。一般的にはグレーのスーツはネイビーのスーツより落ち着いた印象を与えます。スーツはスリーピース、ダブルブレストスーツ（ボタンが2列あるスーツ）となるほうがより正統感を与えます。無地だけでなく、目立たない柄やストライプのスーツも基本色で合わせてください。

ネイビーのスーツに合うシャツをA～Gまでの7種類、ネクタイ6本をピックアップしました。おそらくみなさまのワードローブのなかにも、いくつかお持ちだと思います。組み合わせの合うシャツのアルファベットをネクタイの横に入れています。

同じネイビーのスーツでも合わせるシャツとネクタイで印象は大きく異なります。ビジネスシーンの服装はあくまで相手ありきです。**相手に与える印象を意識して、ふさわしいVゾーンを選んでください。**

グレーのスーツも同じA～Gのシャツ7種類です。ネクタイは6種類あり、同じようにアルファベットで組み合わせます。シーンに合わせて自身に合ったVゾーンを演出してみてください。Vゾーンの組み合わせはネイビー、グレーのどちらのスーツにも兼用可能です。

カラー（色）は、それぞれが相手に与えるイメージがあるので参考までに。

赤色：やる気・情熱を表す

前向きな強い気持ちを表します。反面、攻撃性や過剰な自信のイメージもあります。謝罪の場には不向きです。

紺色：信頼感・知的を表す

真面目な印象を与えます。ブルーに近づくと若い印象を与えます。

―灰色：慎重・大人っぽさを表す

冷静な印象を与えます。

―桃色：優しい・ゆとりを表す

女性受けのよい色です。意外と年配の方にも似合います。濃い桃色は避けましょう。

―茶色：堅実さ・落ち着きを表す

若い方が実年齢より上に見せたいときなどにも。

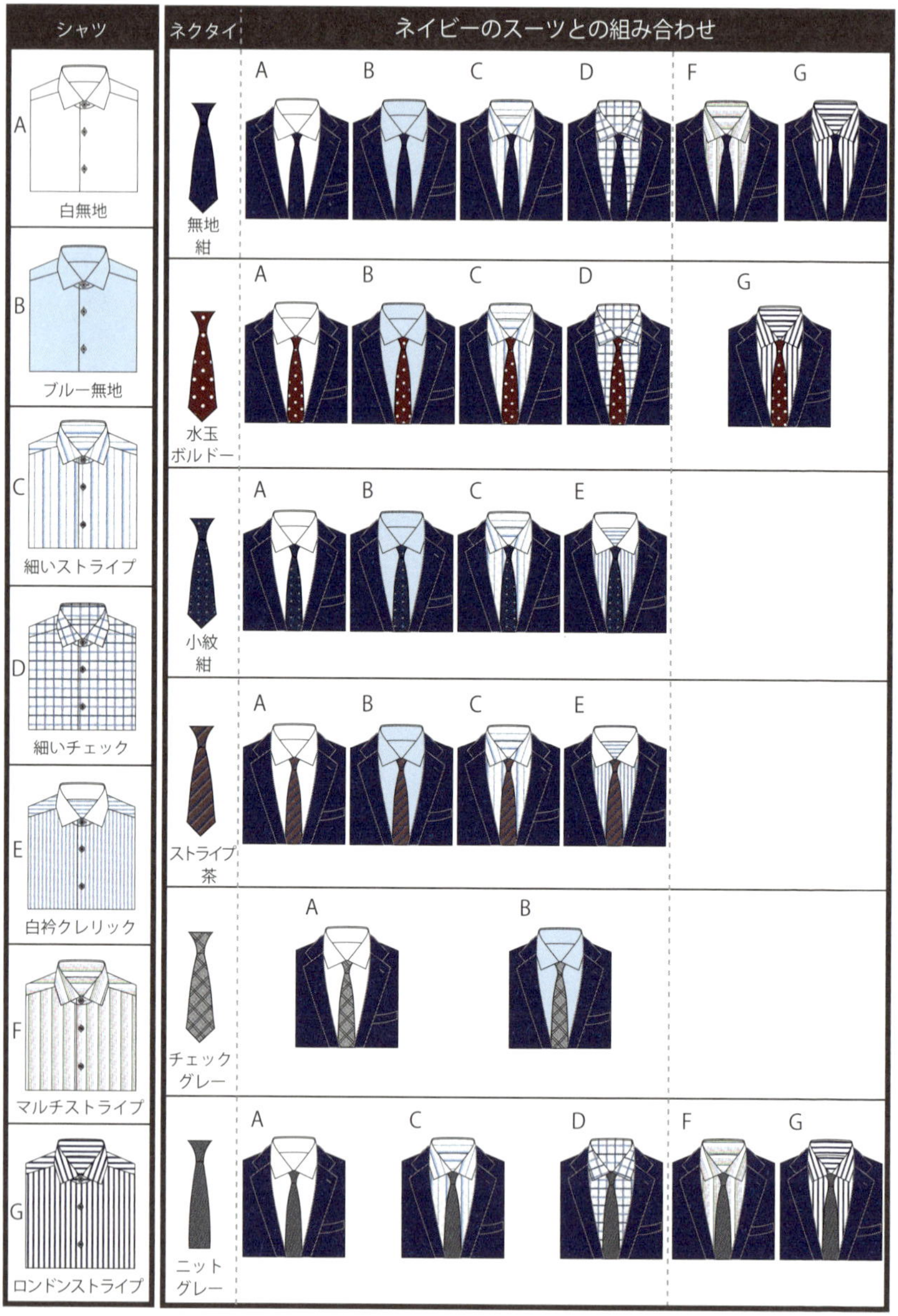
シャツ
A 白無地
B ブルー無地
C 細いストライプ
D 細いチェック
E 白衿クレリック
F マルチストライプ
G ロンドンストライプ
ネクタイ
ネイビーのスーツとの組み合わせ
無地 紺 A B C D F G
水玉 ボルドー A B C D G
小紋 紺 A B C E
ストライプ 茶 A B C E
チェック グレー A B
ニット グレー A C D F G

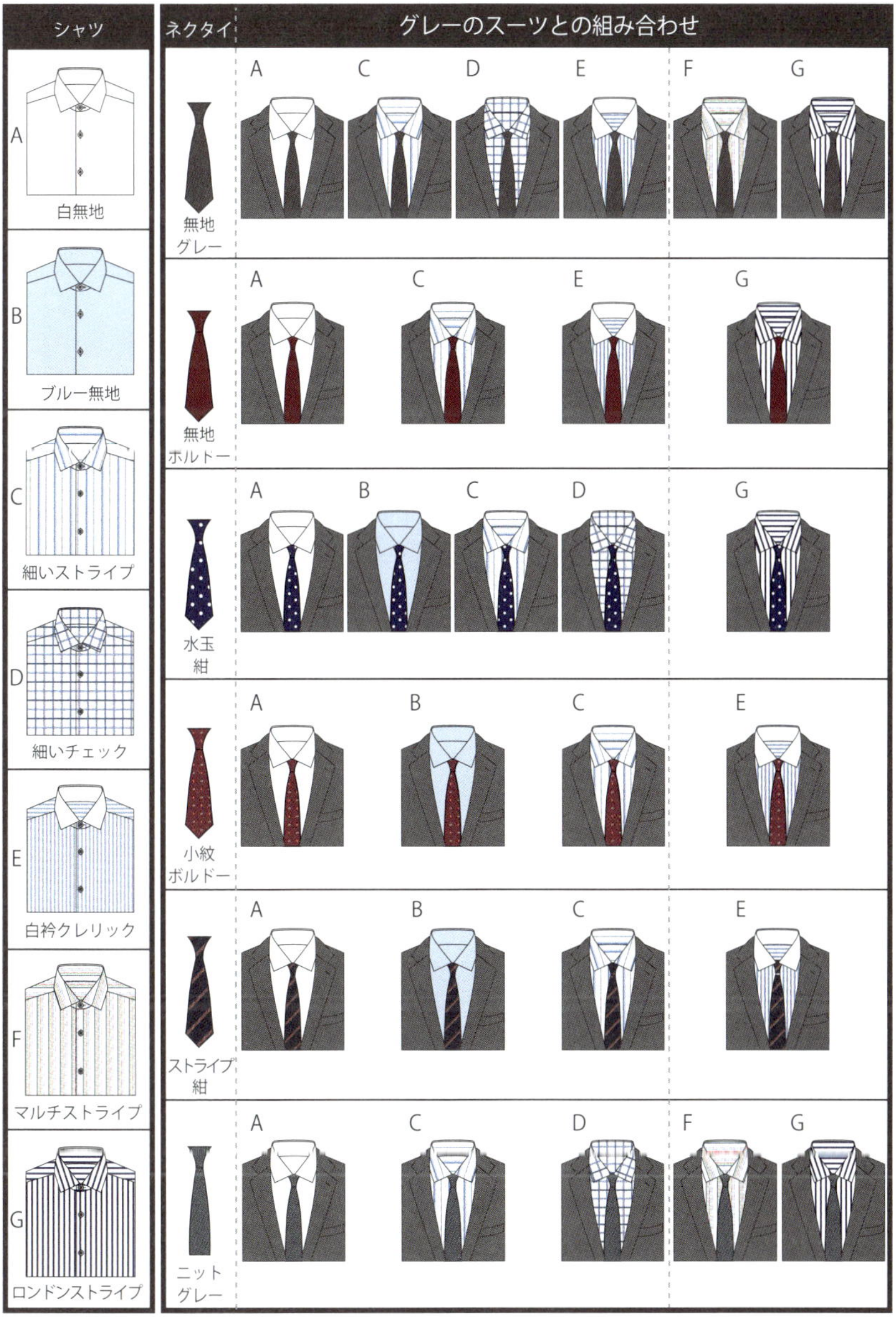
シャツ
A 白無地
B ブルー無地
C 細いストライプ
D 細いチェック
E 白衿クレリック
F マルチストライプ
G ロンドンストライプ
ネクタイ
グレーのスーツとの組み合わせ
無地グレー
A C D E F G
無地ボルドー
A C E G
水玉紺
A B C D G
小紋ボルドー
A B C E
ストライプ紺
A B C E
ニットグレー
A C D F G

Vゾーンで与える印象別マトリクス

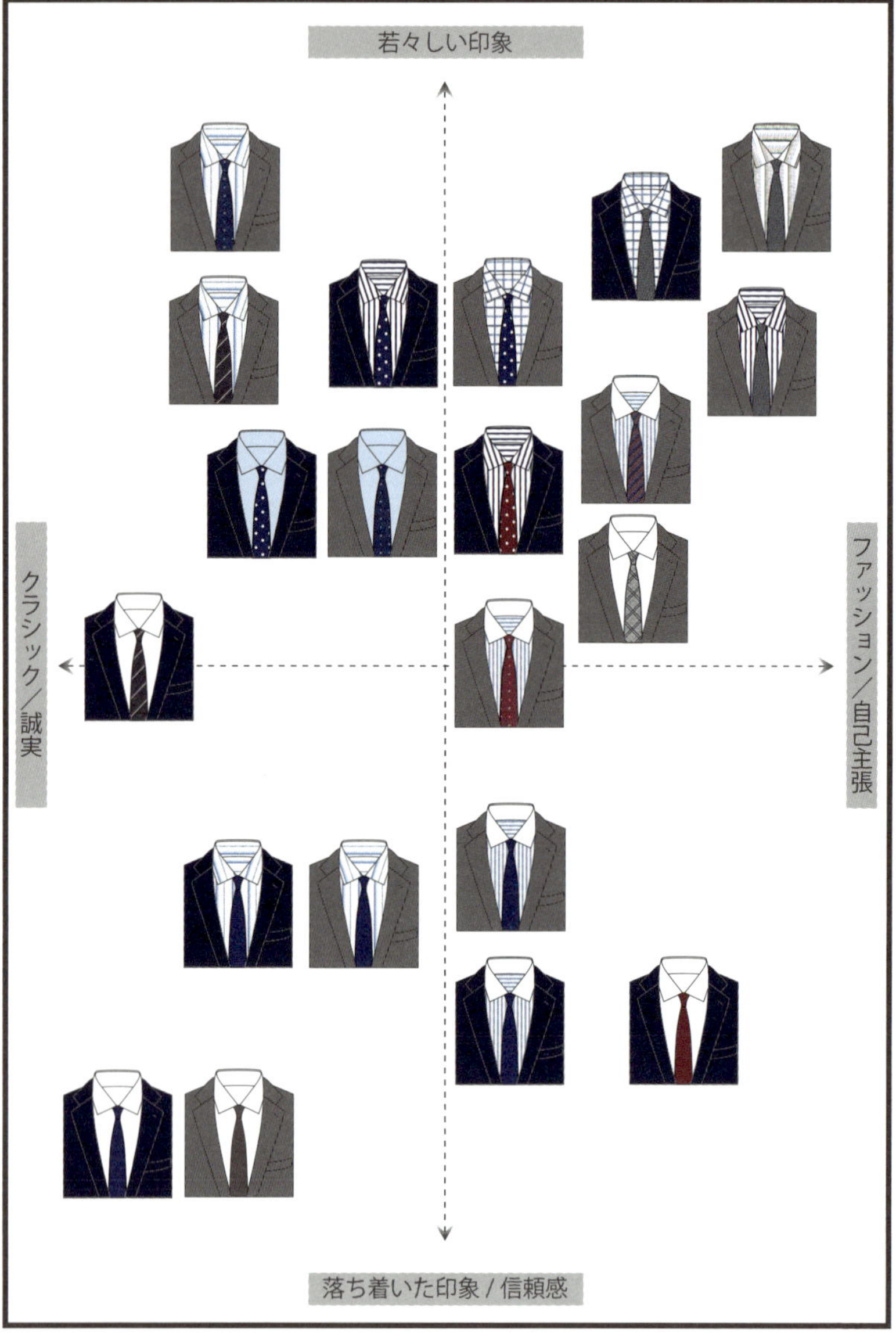

あらためて服選びのコツを振り返ると、まずフォーマル度数表（T・P・O）で最適なアイテムを選びます。次に、ご自身に合ったサイズ・シルエット（S）のスーツ、シャツを決めていきます。

購入時に、本書で説明した大切なポイントをチェックすれば大丈夫です。急激なダイエットのために体型が変わったりしないかぎりずっと着られます。

そして、素材（F）の相性をチェックし、Vゾーンのカラー（C）の組み合わせを一覧表どおりに組み合わせ、印象を演出します。これですべてOKです。

「T・P・O」に最適な服やアイテムを選び、さらに「S（サイズ・シルエット）」「F（素材）」「C（カラー）」を合わせた「6ポインツ・メソッド」で、あなたは一流の着こなしができるのです。これで、あなたは世界中、どんな場でも、第一印象で遅れを取ることはありません。

Vゾーン一覧表通りにするだけで、まわりの評価が変わります。
服装を変えるだけで自信が持て、人生に前向きになれます

「服装のトレンド情報」を簡単に手に入れる方法

上手な装いとは、まず第一に、自分に合った服を選ぶこと。次にその服をちゃんと体に合わせ正しく身につけること。そして最後に自分らしさを加えることです

アラン・フラッサー

《 アメリカのデザイナー 》

スタイルリングを個別にアドバイスした、男性のビジネスマンのクライアントから必ず耳にする報告があります。

「『6ポインツ・メソッド』をもとにした正しい服装で会社に出社すると、まず女性社員の対応が変わりました。以前より協力的になり根回しがしやすくなったのです。結果、業務の効率が上がるというおまけ付きです」

まさに、第1章で紹介した営業マンと同じ感想です。服装を変えるという、その根底にあるのは、他者が与えてくれる評価が自信になることです。そうやって自分の服装にも関心が深まると、積極的に人生をすごすように必ず変化します。

何ごとにも段階があります。初心者として服装の原理原則を理解できたならば、次の中級レベルを目指しましょう。

では、中級レベルを目指すためには、「服装のトレンド情報」はどう入手したらいいのでしょうか。

ビジネスマンにはパリやミラノのファッショントレンドは無用です。**多忙な日々を送るビジネスマンが「最新の服装の情報」を知る最も簡単な方法は、テレビで流れる**

CMの出演者のスタイリングです。

これらは制作時にスタイリストがトレンドを取り入れ、かつ着る人のイメージに合う衣装を選んでいます。そこで意識するのは、アイドル系が着ている服装ではなく、自分自身の年齢に近い二枚目の役者やモデルです。あなたが好むイメージの男優の真似をしましょう。

また、ビジネスマン向けの一流のファッションブランドの店舗で、ウインドウのディスプレイを見るのも大変参考になります。

ショップのウインドウをご覧になって、「あれなら自分も取り入れてみようかな」と魅力的な服や組み合わせを見つけたら、イメージに近いものをお財布事情に合った価格のショップで探して見ましょう（160ページ〜165ページ参照）。

キャラクターブランド以外は、メンズブランドのニュースソースのシーズンによるトレンドに大きな違いはありません。類似商品が意外と見つかります。ただし、モード性の高いブランドは無視してください。これは一般的でない特殊な上級者向けのファッションの世界です。

私はおすすめのファッション誌を聞かれるとき、よくあるメンズ誌は挙げません。理由はファッションに興味が少ない方々には、専門用語や特別な表現がわかりにくいからです。ファッション誌の書き手はファッションのプロなので、深い知識に裏付けられた内容で、ファッションの好きな読者の方々には受け入れられますが、あまりわかりやすいアプローチとはいえません。

参考にするならば、ファッション誌の別冊や特集号で出版されている街の読者のスナップ写真が載っているものをおすすめします。昨今はスナップ写真が掲載されている雑誌が多く出版されています。年齢や嗜好が近いテイストの本を手に取ってみてください。

どんな服を着ても格好よく見えるモデルと違って、町中での実際の着こなし例ですから、過度なファッションになっておらず取り入れやすくなっています。

町中に服装の参考になる素材は無料であふれています。まずは参考にしやすいものからどんどん真似をしましょう

第3章

一流は「自分の体型に合った服」を身につけている

～体型別の服の選び方～

ポッチャリ体型に似合う服の選び方

下品な服装は
服だけが目につき、
上品な服装は
人物を引き立たせる

ココ・シャネル

《 フランスのデザイナー。シャネルの創業者 》

服選びの悩みで多いのは、「体型」に関するものです。たとえば、「肥満型の体型」ということを気にして、着たい服を着ることができない人も少なくありません。

でも、ご安心ください。軍服をルーツとするビジネススーツには、どんな体型の方にも威厳や信頼感を醸し出す服の選び方があります。

次のページのイラストのように、体型別の４つのパターンごとにふさわしいシルエットのイメージは異なります。

○【ポッチャリ体型】は全体を「オーバル型」にまとめる
○【やせ型】は細く「I字型」にまとめる
○【ガッチリ体型】は「ボックス型」にまとめる
○【背が低い体型】は「V字型」にまとめる

着る服のシルエットを意識するだけで、体型はプラスに映るようカバーできるのです（その逆も往々にしてありますが）。では、体型ごとに詳しく説明していきます。

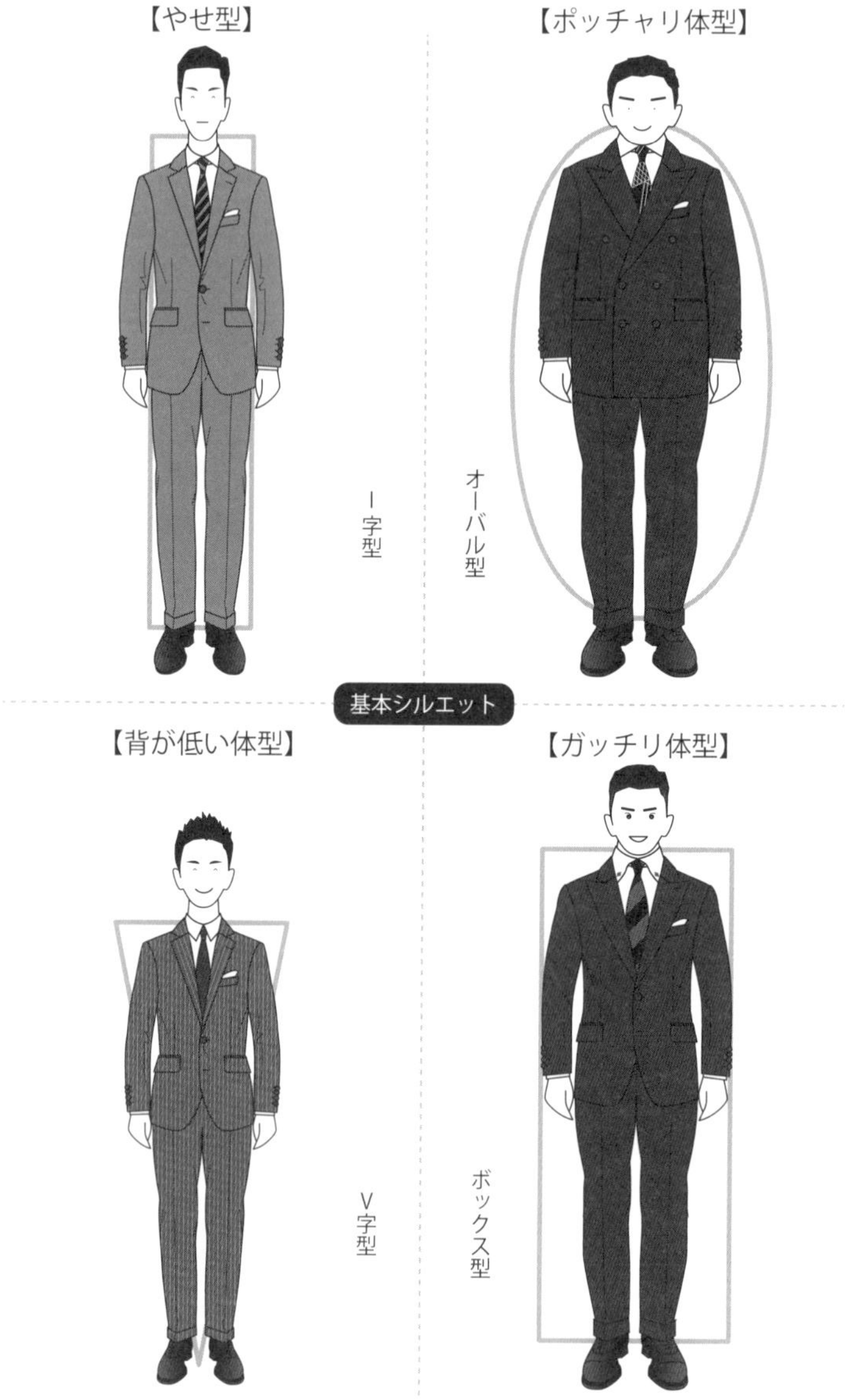
【やせ型】
I字型
【ポッチャリ体型】
オーバル型
基本シルエット
【背が低い体型】
V字型
【ガッチリ体型】
ボックス型

まずはポッチャリ体型の人向けのアイテム別に、選び方と着こなし方を解説します。

ジャケットは、肩パッドが入ったナチュラルな肩ラインのシルエットを選びましょう。全体の印象はオーバル型を基本にします（次ページのイラストを参考にしてください）。

いくら流行しているからといってもタイトなシルエットは絶対に避けましょう。着やすいからと大きめのサイズを選ばれる人が多いですが、肩幅も体型に合ったサイズを意識します。

ビジネスーツのそれぞれのパーツのポイントを、チェックリストとしてまとめました。

上着

□明るい膨張色はＮＧです。黒、チャコールグレー、濃紺ベースの収縮色のビジネススーツがおすすめ

□Ｖゾーンは大きめに取るために２つボタンを選びましょう（もしくは後述するようにダブルブレストもおすすめです）

【NO GOOD】

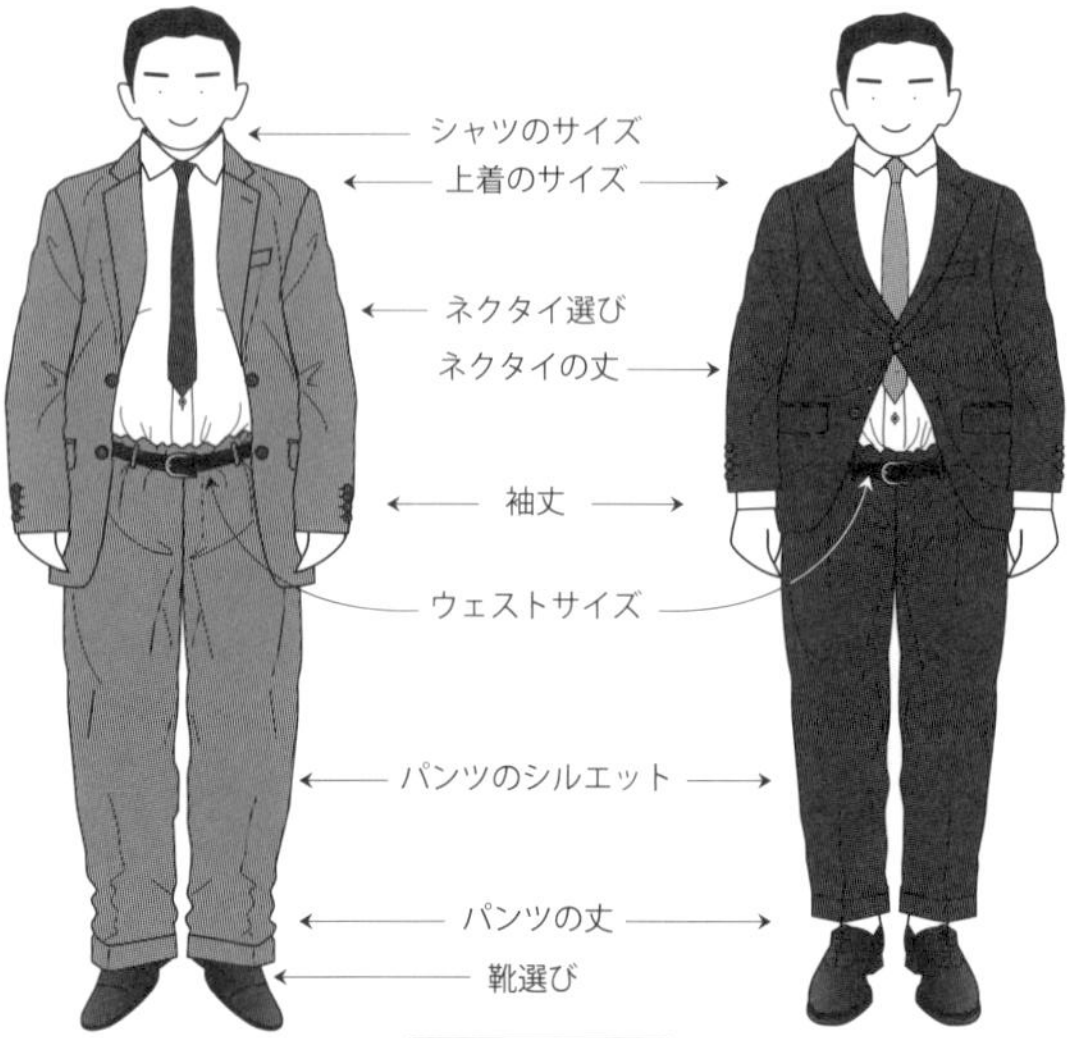

ポッチャリ体型

【GOOD】

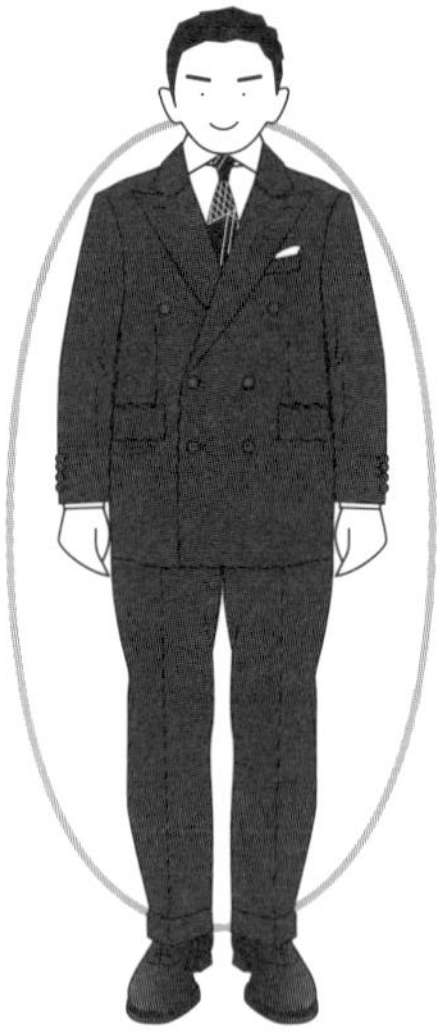

□上着のボタンがお腹の一番出ているところでシワもなく止まるものを

□上着の着丈を少し長めにし、お腹とヒップを隠す。着丈は首を前に倒した際に、首の後ろに出る第７頸椎《けいつい》から床までの総丈２分の１が標準です

□上着の襟幅は、８センチ以上の広めを選ぶ（ダブルブレストもおすすめです）

□スーツの素材は、大きな柄やチェックは避け無地素材が基本

□スーツのストライプ柄は、１センチ以下の細い生地に

□肩幅が狭い方は肩パッドを少し多めに入れます

□袖は太くなりすぎないようにしましょう

パンツ

□パンツは水平になるウエストの位置でベルトなしで止まるものを

□股部分を少し絞った自然なストレートがおすすめです

□股は、裾に向けてはテーパード（膝から下が細くなる）がよいでしょう

□パンツの丈は短め、長すぎはＮＧ。裾はワンクッションを

□ 裾幅は余分なボリュームを持たせないように
□ パンツのWカフスは、身長に合わせて4センチ以上で少し広めに取ること

先述したように、最近はオーダースーツがお値段も手ごろになったので、よりジャストフィットしたものに出合いやすくなりました。とくにポッチャリ体型の方にはオーダースーツをおすすめします。

次に、シャツやネクタイ選びのチェックリストです。

シャツ

□ 体型に合ったシルエットを選ぶ。ダブダブのものは避けること
□ シャツは明度・彩度の低い寒色系が安全
□ シャツの襟は大きめでレギュラーよりワイドタイプを
□ ボタンダウンは長目のロール襟を選びましょう

□襟腰が高いモデルは避け、首が見えるように
□首まわりはボタンを締めてから指が２本ほど入るジャストサイズを
□ダブルカフスもＯＫ

ネクタイ

□Ｖゾーンは広めのシルエットが基本。上着の第一ボタンは低目の位置
□ネクタイ幅も広めを選ぶ。これで全体とＶゾーンのバランスも美しく見えます
□少し派手なものでもＯＫ。相手の視点がそこに集中するのでよいでしょう
□柄は小紋のような小さなデザインは避け、大柄なパターンを選びましょう
□ネクタイ以外の全体の色使いは少なくします
□濃紺のスーツに同系色のシャツとネクタイもおすすめです
□黒、チャコールグレーでモノトーンの組み合わせも簡単に合わせやすいです
□チャコールグレーに同色系シャツに明るい色のネクタイもＯＫ
□ネクタイと同様にポケットチーフは派手な色柄もあり（視点がそちらに注がれるため）

そして、靴や小物アイテム、下着、アウターなどについてのポイントです。

――靴、小物アイテム、アウター等

- □靴とベルトは黒かダークブラウンで統一。バッグも同色が理想
- □靴は広めな縁取《ふちど》り（コバ）のワイダータイプを選ぶと全体のバランスがいいでしょう
- □バッグは大ぶりで。小さなセカンドバッグは持たない
- □時計も大ぶりなフェイスを選びましょう
- □アクセサリーも大ぶりが基本です
- □サスペンダーもおすすめです
- □ポロシャツの第一ボタンは止めずに首を見せます
- □Tシャツも丸首よりV首を愛用しましょう
- □シャツ・Tシャツ着用時は体の線を隠すために必ずベスト等を重ね着すること

- □ 厚手のアウターは膨張するので避けましょう
- □ インナーにはボリュームが出ないハイゲージニットを選ぶこと
- □ メンズ専用補正下着の着用もおすすめです
- □ 冬は首まわりに派手な巻物も大丈夫

ポッチャリ体型の方が既製服を着用する際は、ご自身に合った補正をしっかりと行いましょう。この体型の方は、それによって印象が最も変わります。

オーバル型にまとめるとスーツが体型の欠点をカバー。ネクタイ、ポケットチーフ以外のカラーは収縮色に

やせ型に似合う服の選び方

やせていることほど
美しいものはないわ

ケイト・モス

《 英国生まれのファッションモデル 》

やせ型の人は、じつは洋服が着映えする大変にお得な体型です。「6ポインツ・メソッド」にしたがって洋服を選べば、スタイルのよさが活かされて洗練された印象の見た目になります。

やせ型の人が服を選ぶ際の留意点と着こなし方は次の通りです。まず、ジャストサイズを選ぶことが非常に大切です。基本的には全体のシルエットはＩ字型です。

やせ型に合ったサイズを、アイテム別に解説していきます。

上着

□シルエットも、もちろん細め。ダブルブレストも意外とおすすめです

□素材は季節に合うボリューム感があるものを選びましょう

□生地のカラーは膨張色の淡いグレーやライトベージュ。明るい色のジャケットに薄いグレーのパンツなどもおすすめです。これらの色が合うのはやせ型の特権です。積極的に試してみてください

□ジャケットは肩パッドがしっかりと入ったタイプを選びましょう。貧弱な印象

をしっかりとカバーできます。これだけで印象は大きく変わります

□袖が付くアームホールは小さめにして、袖も細めを選びましょう

□襟は細めがおすすめ。ネクタイも細いナロータイで

□全体を細いコーディネートでまとめるのがI字型の基本です

□上着のVゾーンは、小さくまとめる3つボタン2つがけもがおすすめです

パンツ

□パンツもタイトなものを。細いシルエットで裾が少し細くなるテーパードタイプのパンツもおすすめです

□股上は深めが腰まわりにゆとりを持たせます。ウエストポイントも高くなり足長に見える効果もあります

□パンツの裾丈は短めを避けましょう。裾に浅いワンクッションか、ぴったりサイズを

□センタークリース（真ん中の折り目）は、はっきりと

【NO GOOD】

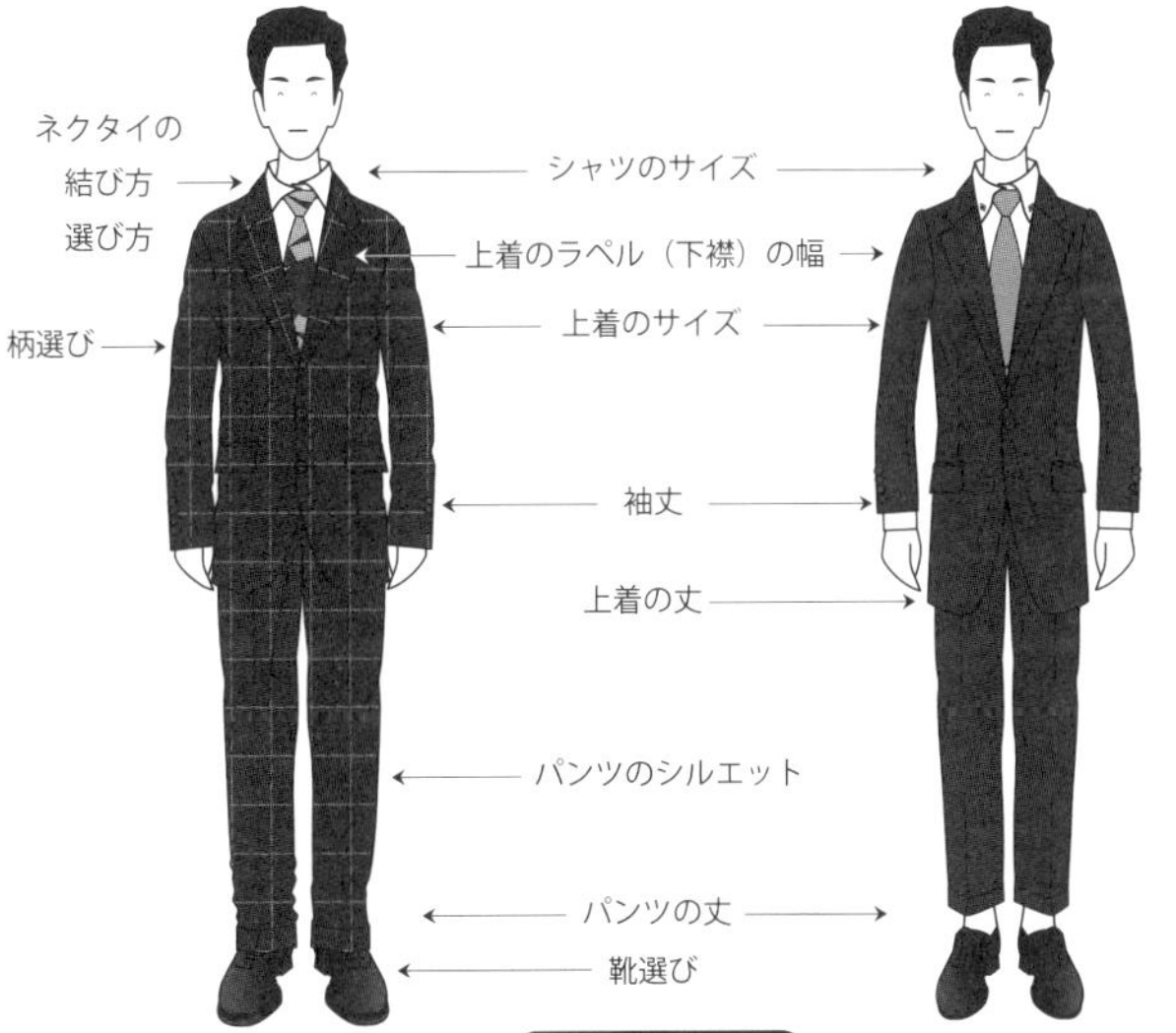

やせ型体型

【GOOD】

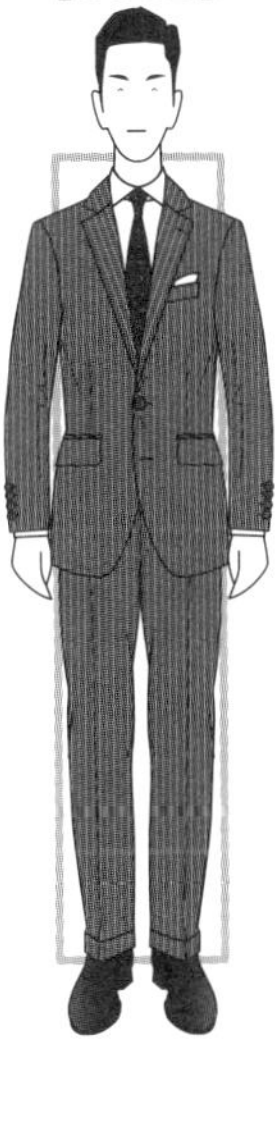

シャツ

□サイズは体に沿ったスリムタイプを。ダブダブは貧弱に見えます
□カラーは薄い暖色系がおすすめ
□襟は小さめを選びます。大きな襟は顔を貧弱に見せます

靴、小物アイテム、アウター等

□靴は、つま先が細すぎないデザインを選びましょう
□靴の縁取り（コバ）の部分は狭いタイプを。ワークブーツなどのボリューム感のある靴は避けましょう
□パンツのラインが靴のトウ（つま先）まで、つながるように
□コートはラグラン袖より肩のあるセットインスリーブタイプだと、細い肩が目立ちにくくなります
□Tシャツ1枚だけの着用は避けましょう。必ず夏でも上に綿のカーディガン、

サマーセーター等で、細い腕を見せないように心がけてください

□ バッグは小ぶりを。大ぶりのバッグだと全体のシルエットの細さが強調されすぎてしまいます

□ 時計も手首のサイズに合った大きさを。オーバーサイズはNGです

このように選ぶと、やせ型の方はスタイリッシュな印象となります。

全体を細い箱型のシルエットでまとめる。腕、足などは隠す。首まわりも積極的にスカーフやマフラーを

ガッチリ体型に似合う服の選び方

人間は不完全なもの。
ボディを気にするより、
内側の質に意識を
集中させることが大切

ビヨンセ
《 アメリカのシンガー 》

ガッチリ体型の方は、基本的に既製服が似合いません。とくに肩や胸に筋肉がつきすぎている、ももの筋肉が発達しすぎているなど、スポーツマンの人は既製服が似合いにくいです。

しかし、ガッチリ体型の方は、西洋人の体型に近いため、正しく選べば、きれいなシルエットでスタイリッシュに見せられます。

上半身のボリュームに合わせて下半身にもバランスよくボリューム感を持たせるのが基本です。全体は四角いボクシー型です。では具体的にチェックしていきましょう。

上着

□スーツは四角いボクシー型が基本です。全体を四角いシルエットにまとめましょう。カラーは膨張色を避けたダークな色が基本です。ストライプの色も奇をてらわないオーソドックスな素材を（どうしても威圧感の出やすい体型ですので）

□スーツは少し広めの縦ストライプや二重ストライプの生地を選びましょう。太めのストライプはガッチリ感を薄めてくれます

【NO GOOD】

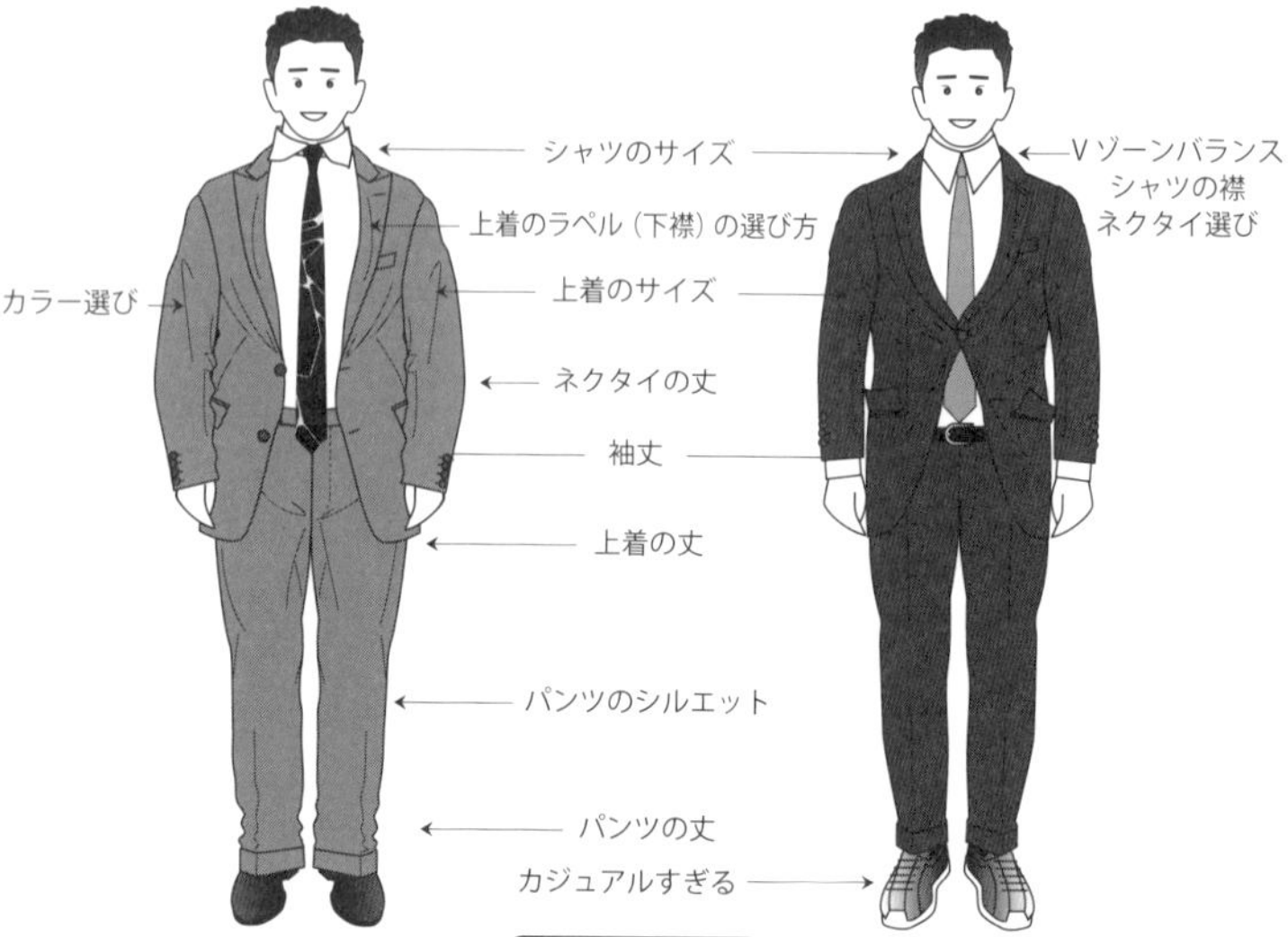

ガッチリ体型

【GOOD】

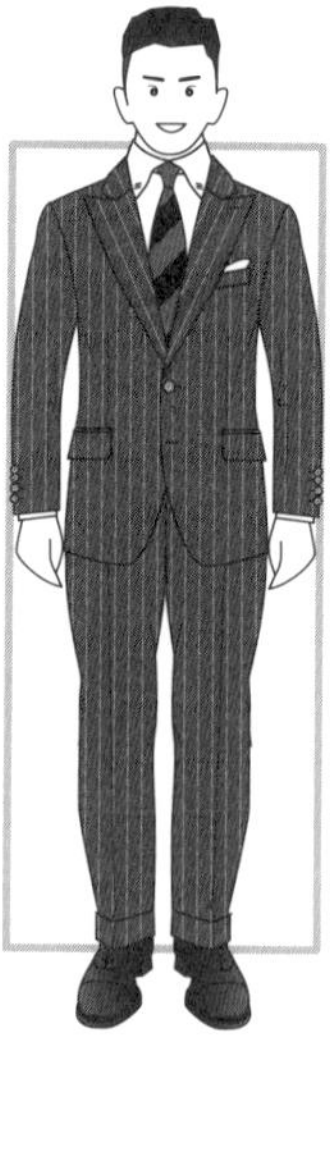

□ジャケットの襟は８センチ程度の広めのものを選びましょう。衿幅が細いと、上半身が余計に大きく見えてしまいます

□肩先にギャザーを寄せて肩回りにゆとりがあるタイプを。上着を着用した際に腕を回して動かしにくいものは避けましょう

□春夏やスリーシーズン用には肩にパッドのない、カジュアルすぎない、アンコンジャケットもおすすめです

□「ダブルブレスト」と呼ばれる６つボタンや４つボタンはとくにおすすめで、よく似合います

パンツ

□パンツのカラーは明るいものも大丈夫です

□パンツのセンタークリース（折り目）をはっきりと

□パンツはももの太さに合わせてウエストを選び補正しましょう

□パンツは太めのストレートなシルエットが基本です

□パンツの裾の折り返しは、４センチか少し太めでＯＫです

シャツとネクタイ

□太い縦ストライプやクレリックシャツがおすすめです

□ワイシャツはカラーシャツや柄を積極的に着用しましょう

□シャツは、広めで大きめの襟だと上着の襟幅とのバランスもよく見せてくれます

□襟の高さは標準を。２つボタンデザイン等はＮＧです

□襟のロールが大きいボタンダウン、ホリゾンタルカラーもおすすめです

□ネクタイは少し派手なカラーを。ストライプ柄なら太めの柄を選びましょう。小紋柄等はＮＧです。存在感のあるネクタイを締めてください

□ネクタイの幅は、ラベルやシャツの広めの襟に合わせて少し太めを。太めの無地のネクタイもおすすめ。これでＶゾーンのバランスが美しくなります

靴、小物アイテム、アウター等

□靴はベーシックな黒や茶を。もしくはパンツの色と同色や同系色を合わせます

□靴は幅広な大ぶりがいいです。ブーツなら、ワザと少し大きめのサイズの着用もありです。シューズまわりの縁取り（コバ）も広めのビジネスシューズがおすすめです

□バッグも大きめを選んでください。小さなバッグは体が大きすぎる印象を与えます

□時計も手首に合わせた大ぶりのフェイスデザインを。ただし厚さは、控えめなものを選びましょう

下半身にボリューム感を持たせて四角くボクシーにまとめる。派手なネクタイとポケットチーフで視線を集めるのも効果的

自由に歩けるということは、
人生を、自信を持って
歩いていけるという
ことなのだ

サルヴァトーレ・フェラガモ

《 イタリアのデザイナー。フェラガモの創業者 》

背が低い人は、V型のシルエットが基本です。縦長に見える印象で持ち物も小さくして全体のバランスをとりましょう。

では、背が低い人の具体的なチェックポイントです。

――上着

□カラーのコントラストは控えめにし、ジャケパン（ジャケットとパンツの生地や色が異なる）スタイルより上下の生地や色がそろったスーツがおすすめです。カフーは明るめの基本色を選ぶこと。同色のほうが一体感があり、大きく感じさせます

□スーツの素材は、厚手の細い縦ストライプの生地を。ストライプの色もホワイト等のストライプ自体が見えやすい生地がより効果的です（有名人や人気芸能人の背の小さい方による、背の小ささを感じさせない見せ方や演出は学ぶ部分が多いです）

□ジャケットの丈は短めにする。こうすると全体のバランスが足長に見えます。通常のお尻が隠れる長さより少し短くしましょう

□既製服でもポケットの位置が不自然にならない程度に数センチお直しをおすすめします。実際に仕立てたスーツができると、その視覚効果に驚かれます

□襟のゴージライン（上着の上襟と下襟が合わさる境）の高いデザインを選びましょう。こうするだけで第一印象が変わります

□ウエストがシェイプしているシルエットを選ぶ。細い方ならシェイプさせれば美しいシルエットの印象が生まれます

パンツ

□パンツは細身か、裾が細くなる部分（テーパード）に折り目をくっきりさせます

□パンツのダブル幅は、細めの3・5センチにします。ダブル幅を細めにするのは全体のバランスをとるのが目的です（ダブル幅を0・5ミリ単位でおすすめしているのには明確な理由があるからです。小さな演出の積み重ねで全体の印象が大きく変わります）

□裾はクッション（たるみ）なしでスッキリと見せましょう

【NO GOOD】

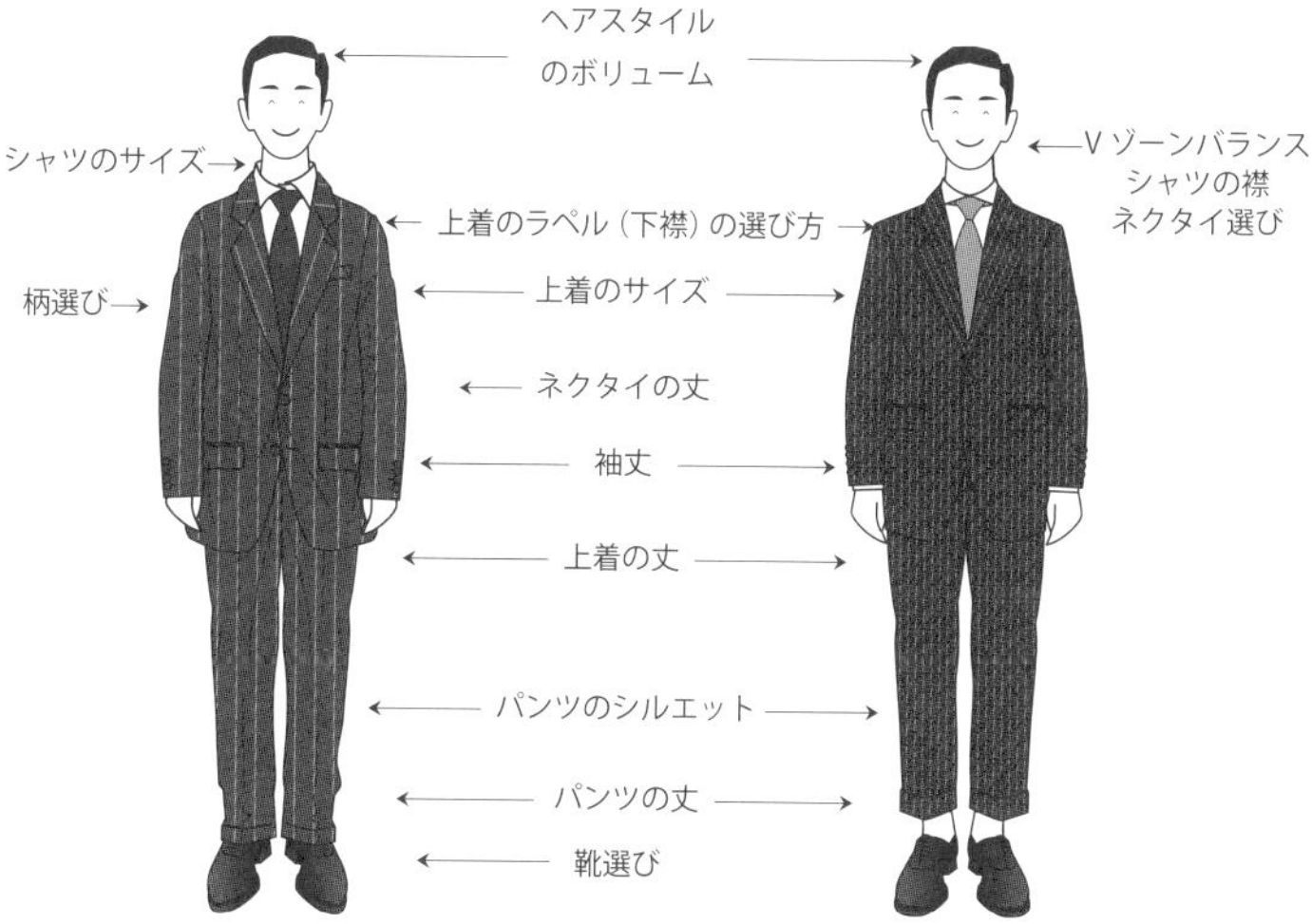

背が低い体型

【GOOD】

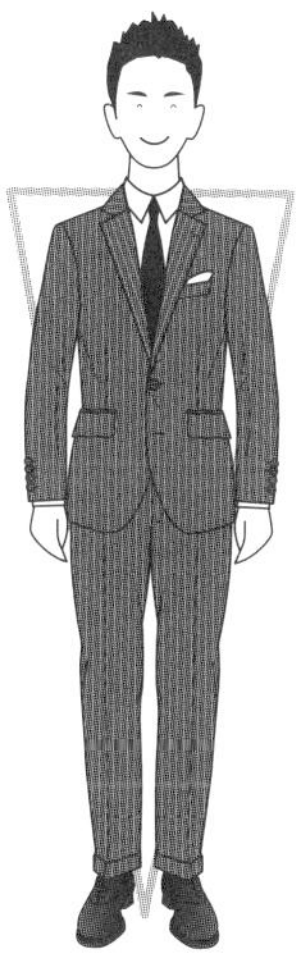

シャツとネクタイ

□シャツの襟は、細めで小さいのを選ぶ（理由は、全体のバランスのため）
□シャツのサイズは、体にぴったりしたものを
□襟のサイズがピッタリで少し襟高なものもよいでしょう
□ネクタイは小さなストライプ、小紋柄や無地がおすすめです
□ネクタイは細い縦ストライプ柄もおすすめ
□ネクタイの結び方は、細めをプレーンノット（143ページ参照）でボリュームが出ないように結びます
□ネクタイの色はあまり派手でなく目立たないものを選びましょう

靴、小物アイテム、アウター等

□時計のフェイス・時計のベルトもご自身の手首に合った小ぶりのデザインを
□ベルトも細いものを選んでください。素材はシンプルで、色も黒か茶色を

□靴は細めでトウ（つま先）のボリュームのないものが基本です。ビジネスシューズでも厚底タイプがよいでしょう
□バッグは小ぶりで明るい色を
□ハットの日常の着用もおすすめ
□コートも袖のつけ根が襟から袖下にかけて斜めになっているラグラン袖は避けましょう
□ヘアースタイルは職業的に許せば、髪を立てるスタイルも

最後に、背が低い人が写真を撮るときには、他人と並ばずにかがむポーズを心がけましょう。

全体の印象は細く長くV字型につくる。
上着のデザインや細部を変えると印象はまったく変わる

第4章

一流は「アイテムを相手目線」で選ぶ

〜アイテム別の選び方〜

自分に似合うメガネの選び方

ピンク色のレンズのメガネをかけている人は世界がピンク色だと勘違いをしている。自分がメガネをかけていることに気づいていないのだ

アルフレッド・アドラー

《 オーストリア出身の精神科医 》

初めて会う際の印象のなかでも、メガネは大きな要素です。ここでは顔の形に合った素材やデザインのメガネについて解説していきます。

ビジネススタイルでは、メガネは装飾の少ないベーシックでシンプルな形が基本です。メガネのフレームの色使いも少なく落ち着いたものを選びます。素材はプラスチック、メタル、もしくは両方の組み合わせです。メガネばかりが目立つデザインは避けましょう。

メタル素材はシャープな印象を、プラスチック素材は温かい印象を与えます。黒ベースのプラスチックは知的な印象となります。

次に、顔の形別に似合う基本的なメガネのデザインについて解説します。

丸顔の方にはスクエアーフレームがおすすめです。フェイスラインを引き締めて見せてくれます。やせ型に多い逆三角形の顔の方には、オーバルフレームが優しい印象を与えます。ベースタイプ顔の方には、大きめのボストンフレームがエラの印象を弱め中和してくれます。面長な方には、ウエリントンフレームだと広い縦幅が顔の長さをカバーしてくれます。

丸顔

＋

スクエア・フレーム

逆三角形

＋

オーバル・フレーム

ベース型

＋

ボストン・フレーム

面長

＋

ウェイリントン・フレーム

メガネは自ら演出したいイメージによって数本あると、気分転換として換えるのもよいでしょう。ご自身に似合うデザイン選びは、イラストを参考にしてください。

メガネのベースの形は同じでも、素材の組み合わせでも与える印象が変わります。

さらに、その日の気分に合ったメガネをかけると、自分の気持ちのノリも違ってくるはずです。


奇をてらったメガネはビジネスシーンには不向き。

自分に似合うメガネで印象も気分も変わる

ビジネスで恥ずかしくない時計の選び方

未来はすでに始まっている

ロベルト・ユンク

《 オーストリアの作家 》

腕時計は、人となりを表わすフォーマルなアイテム

最近はスマホで事足りるからと、時計をしない方も増えています。しかし、とくに会社で管理職以上の立場なら、フォーマルなアイテムの1つとして腕時計の着用をおすすめします。昨今は時計のデザインや素材が非常に豊富になりました。ただし、メガネと同じくビジネスでは時計もあくまでベーシックが原則です。大型時計もトレンドになっていますが、直径は40ミリまでで厚くないものを選びましょう。似合う時計の大きさは、体型とも関係します。

素材は、時計本体が金属製で金属性ベルトか革ベルトとの組み合わせが基本です。ホワイトゴールド製、ましてや金無垢やダイヤ飾り等の高価すぎる時計はパーティーなどでの着用に限定されます。管理職以上の方は、プラスチック製のスポーツタイプは避け、安心感のある定番のものを永く使用されるのをおすすめします。時計も毎日使い続けるよりも、いくつかを着用して、休ませるのが長持ちの秘訣です。

はずさないビジネスバッグの選び方

今日のささやかな変化が、
がらり一変した
明日をもたらすだろう

リチャード・バック

《 アメリカの作家 》

「ビジネスバッグ」と呼ばれるもののなかでも、そのカテゴリーはいくつかに分かれます。まず、ふだん使用する定番のビジネスバッグについて、時代の流れとともに解説していきます。

フォーマル度が高いのは、歴史的にもレザー素材にメタル付属のかっちりと作られたメンズビジネスバッグです。

歴史あるブランドとしては、英国の王室御用達のエッティンガー、チャーチルが愛用したグローブ・トロッター、フランスのエルメス、イタリアのバレクストラ、グッチ、米国のハートマン、素材は違いますが月の石をアポロ11号で持ち帰ったゼロ・ハリバートン、日本ではエースなどのブランドが知られています。

次に、80年代にアメリカから普及したTUMI（テュミ）をはじめ硬質ナイロン素材のビジネスバッグは、レザーよりもアメリカ合理主義的な発想の素材で現在では大きなシェアを占めています。どちらもカラー展開は保守的で、ブラック中心です。

そして、90年代ファッションのカジュアル化とともにイタリアから大きく成長した、細番手の色や軽さに質感を誇るカラーナイロンとレザー部分とを組み合わせたプラダやオロビアンコ等のビジネスバッグも最近ではすでに定番になっています。ファッション全体がカジュアル化している流れもあって、フォーマル度でいえば少しカジュアルな印象となります。このような動きから、ビジネスバッグのデザイン、カラー展開が大いに広がりました。

また、21世紀に入ってスマートフォンの普及でビジネスバッグのスタイルが大きく変わり、ビジネス使用のバックパックは否かどうかが長く議論されてきました。現実的には、両手が空くのでスマホも使え今日の利便性においては「あり」という結論だと私はとらえています。

時代とともに変化するのがファッションですが、すべてカジュアルすぎるナイロン製のスポーツタイプのバッグは避けましょう。

ビジネスタイプの2ウェイ・3ウェイがおすすめです。素材は革、ナイロン、ジャガード織り生地、ポリカーボネートなどバリエーションが豊富です。素材の組み合わせも数種が可能です。

しかし、**色使いはシンプルで1色～3色程度の組み合わせが主流です**。これもビジネスバッグの原則です。ビジネスシーンでは、ビジネスバッグの色をスーツと靴に合わせることと、フォーマル度数も意識しましょう。

ビジネスバッグは、バッグ自体の実用性も重要です。機能性、耐久性も満たす必要がありますが、バッグ自体が重いものは避けましょう。書類を入れると重くなり、いらぬ負担が大きくなります。

また、ふだんのビジネスバッグとは別のカテゴリーで、ビジネスマンには外せない出張時のスーツケースがあります。

最近では海外への長期出張が日常の方もいらっしゃいます。国内出張程度ならばローラーのついた機内持ち込み可能なサイズのケースにハンドルにセットできるビジネスバッグのセットがおすすめです。

スーツケースの選択は、原産国、ブランド、サイズ、材質、価格などによって大きな幅があります。材質では、強度のハードタイプと軽量化のソフトタイプに大別されます。

ハードタイプのメリットは、やはりその強度で内部に圧力がかからない点です。精密機械、撮影機材などを運ぶには最適です。デメリットはスーツケース自体にかなりの重量があることです。軽量タイプはその逆となります。軽量タイプは、カラー展開もより多くなり選択肢が増えました。
出張先や目的・内容物に合わせてご自身の好みで選びましょう。

バッグから、持ち主のセンスや信頼度がわかる。
靴とバッグのカラーを合わせると好感度がさらにアップ

足もとを見られない靴の選び方

その人が履いている靴は、
その人の人格そのものを
表すものである

イタリアの古いことわざ

【NGなシューズ】

コンフォートシューズ

ロングポイント
デザイン過剰シューズ

靴は、服装を整える際に最も重要なアイテムです。また、日本人のビジネスマンが最も選び方を間違っているアイテムでもあります。

一流ホテルマンはお客様の靴と時計を見るともいわれます。「足もとを見る」の言葉通りに、履いている靴で人を量る場合もあります。

靴は良質な商品の購入はもちろんのこと、可能ならオーダーシューズもおすすめです。

ビジネスシーンで選ぶべき靴は、フォーマル度数表のイラストを参考にしてください。内羽根のビジネスシューズから始まるふだんのビジネスシーンに合わせる靴が一覧でわかります。間違っても、履きやすい等の理由で伝統的でない楽なだけのコンフォートシューズやデザイン過度なトンガリ靴は避けましょう（右ページ上のイラスト参照）。

昨今はビジネスシューズもカジュアル化に合わせた素材開発、製作方法が進化しています。従来のトラディショナルなスタイルを踏まえながらも靴底材がレザー一辺倒から実際に履きやすい新素材のものもあります。

靴は少し値段が張っても、本物の商品で永く付き合えるものを選んでください。国産なら歴史あるリーガルシューズ、大塚製靴。イギリスならチャーチに代表されるノーザンプトン創業のシューズブランドなどが有名です。トラッドな英国ブランドのシューズなら安心感があります。米国ならオールデン、フローシャイムなどがビジネススタイル向けの代表ブランドです。

それらのブランドの靴は、購入時にはそれなりの価格となります。しかし、靴のかかと、靴底をはじめとしたほとんどの部分が補修可能です。ビジネスシューズはその手入れと修理によって10年以上も履き続けることも可能です。

「良質な靴を買う」というのは、長い目で見れば、経済的にも十分に価値があります。

見た目が同じでも、経年変化すると本物と偽物では大きな差が出てきます。靴はお金をかける価値があるファッションアイテムといえます。

たとえ高級なスーツをあつらえ、高価なネクタイをしていても、足もとをさぼっていると台なしです。すべてを整えた最後の仕上げが靴です。

よく手入れされたそれなりの靴は必ずあなたの人となりを、評価や印象を高めてくれます。さらには、他のアイテムまで格上げしてくれるでしょう。

じつは、靴が服装のなかでプロから最も見られるアイテム

愛は幸運の財布である。
与えれば与えるほど
中身が増す

ヴェルヘルム・ミュラー
《ドイツの詩人》

初めて挨拶する相手に渡す名刺を、ポケットや財布から出す人をときどき見かけます。マナーとして「いかがなものか」という印象を与えかねません。ビジネスマンなら自分の名刺入れは独立した小物として持ちましょう。

財布は、たくさんの札束や領収書などでパンパンにふくれあがった状態だとズボラな印象を与えます。ふだんからマチ幅の薄い財布をおすすめします。また、角が擦りきれている、色落ちが目立つ財布もよい印象を与えません。

名刺入れや財布などの小物は、持ち主の人柄や気づかいが映し出されます。小物選びもベーシックな素材・カラーを選びましょう。見るからに安物や、逆に大きなロゴマークの入ったブランドを誇示するものもいただけません。

清潔なハンカチーフをはじめ、小物まで気配りできる人ほど、大きな仕事を成し遂げます。

小物はさりげなく印象に残るので、油断せずに気を配る。これみよがしのブランド丸出しも控えましょう

アイテム別の簡単なお手入れ方法

汚いグラブでプレイしていたら、その練習は記憶に残りません。手入れをしたグラブで練習したことは、体に必ず残ります。記憶が体に残ってゆきます

イチロー

《 日米で活躍するプロ野球選手 》

アイテムを心を込めて大切にお手入れすると、よき友人として、末永いお付き合いになります。毎日のちょっとしたお手入れの習慣の違いが、時間が経つと大きな差になるのです。

スーツのお手入れ

スーツのお手入れで、一番簡単で効果的なのがブラッシングです。

帰宅したら、まずはポケットに入っている物をすべて出します。そして、スーツ用の大きめのブラシで下から上へ、上から下へブラッシングします。ブラッシングは、その日に着たスーツに感謝の気持ちを込めてやりましょう。

そして、着用した日の夜はワードローブには入れずに、厚みのあるハンガーにかけ、陰干ししてひと晩は部屋にかけておきます。

シルク混のスーツは湿気を嫌います。湿気を除いてからワードローブにしまいましょう。春夏の麻混のスーツはシワになりやすいのが特徴で、それが味でもあります。霧吹きで水分を与えてシワの部分を伸ばして自然乾燥させてやりましょう。

スーツのパンツは、パンツ用のハンガーにかけるのがおすすめです。逆さにかけることでパンツ自身の重さでシワが取れます。たまに時間があれば、スチームや霧吹きで水分を与えてあげましょう。

また、出張先のホテルなどにも置いてあるズボンプレッサーは、アイロンよりずっと簡単でおすすめです。

雨でスーツやパンツが濡れてしまったら、ハンガーにタオルをかけてからスーツをかけましょう。パンツも同じくそうやって自然に乾かします。ウールなどの自然繊維には復元力があります。付着した泥は乾かしてから落としてください。

スーツは連日の着用を避けて、少なくとも中１日開けると長く着られます。春夏は汗が完全に抜けるのに72時間必要ともいわれるので、その季節は一度来たら中３日空けるのが理想です。こうすればクリーニングに出すのはシーズンに一度で済みます。

クリーニングは意外と牛地が傷みます。ふだんの手入れが肝心で、すぐにクリーニングに出すのは避けましょう。また、クリーニングから戻ったスーツは、厚みのあるハンガーにかけてあげます。

シャツのお手入れ

シャツはクリーニング店にいつも出す方が多いかもしれません。ただし、安価なシャツを数回出すと、買ったほうが安くなる場合もあるので、自分でアイロンをかけるのもよいものです。

洗うだけでプレス不要の素材のワイシャツも増えています。また、アイロン自体も、ハンガーにかけたままでできる商品も出ています。以前と違い、簡単にできる選択肢は増えています。いずれにしても、**いつもシワのないワイシャツで出社しましょう。**

ワイシャツにシミがついた場合、簡単なシミならステインソリューションや専門の洗剤を使用して自宅でシミ抜きが可能です。トマトソースの汚れなら、意外ですが練り歯磨きをつけて歯ブラシでこすって流せば消せます。

クリーニングしたまま保管して出したら黄色に変色してしまった、なんていうこともあります。その場合は、漂白剤で洗濯すると元通りになります。

ネクタイのお手入れ

出張先にネクタイを丸めて持参するのは便利です。しかし、全体に生地がうねりやすく、ふだんの保管方法としてはあまりおすすめできません。吊るすのも生地が伸びるので、とくにニットタイはおすすめしません。

紳士服店の店頭では二つ折りで陳列しています。自宅でも、その状態が理想の保管方法です。

同じネクタイを毎日使用する方はいないと思いますが、連日の使用は避けましょう。

ネクタイのシミは非常に目立ちます。ボールペンのような油性ペンの汚れがついた場合は、手芸ショップで手に入る万能シミ抜きペンを使えば簡単に汚れを落とせます。食べ物のシミは、クリーニング店にお願いしましょう。

靴のお手入れ

靴はあなたの体重を支えながら終日一緒に歩いてくれる、最も過酷な状況に耐えているアイテムです。1日履いたら、最低1日は休ませてあげましょう。

足は意外と汗をかきます。帰宅した際に、靴に汚れがあれば馬毛ブラシだけでよいのでつま先に向けてサッとブラシをかけてあげましょう。

雨で濡れた場合は、外面の水分を拭き取ります。ひどく濡れた場合は、なかに新聞紙を入れて陰干ししましょう。革は自然素材なので復元能力があります。

月に一度でよいので時間があるときに、汚れを豚毛ブラシで取りましょう。革靴には着古したTシャツに汚れ取りクリームを薄くつけて磨きます。

そのあと、靴のカラーの靴墨を薄くつけて伸ばします。靴の色別に豚毛ブラシをかけて摩擦熱でツヤを出します。仕上げは、使い古したストッキング（市販の靴磨きセットでもできます）で磨き上げていきます。

ただし、このように手入れをしても、靴のかかとが減るのは避けられません。革底の場合だと、靴の先の裏が薄くなったりします。そうなった場合は、購入したお店に持ち込みましょう。前述したように、靴底だけでなくアッパーから内張りまで修理のできない箇所はほぼありません。まめに手入れをして永いお付き合いを目指しましょう。

バッグのお手入れ

バッグはホコリや汚れがついたら、できるだけ早く、優しく柔らかい馬毛ブラシをかけて乾いた布で拭いてあげましょう。革鞄用のクリームもあります。革ハンドルの汚れは、意外と消しゴムである程度落とせます。ナイロン素材には防水スプレーもおすすめです。雨などで濡れた場合は、帰宅したら表面の水分を除去します。ひどく濡れた場合は靴と同じで、なかに新聞紙を入れて陰干ししましょう。

アルミケースの汚れを落とす場合は、中性洗剤で洗い拭きします。しつこい汚れはカー用品店で販売しているブレーキクリーンできれいになります。金具部分には潤滑オイルを差せば、スムーズに可動してくれます。

バッグを使用しないときは正しく保管してあげましょう。環境によってはカビが生えたりする場合もまれにあります。バッグも修理に出すと、消耗部分の交換や剥《は》げた革の色つけ、傷んだ部分のみの補修もできます。

バッグを長く使い続けるポイントはふだんから愛情を注いで、ファスナーやほころびなど、気づいたときに修理交換することです。

メガネのお手入れ

メガネの日々のお手入れで、むやみやたらにレンズを拭くのは避けましょう。正しくは、時間があれば、まず流水で流します。その後、テッシュで水分を拭き取って、きれいな専用クロスで磨きます。

なじみのメガネ屋さんがあれば、ネジのゆるみや簡単な調整には無料で対応してくれます。どんなアイテムでも、親しく相談できる方がいるのは心強いものです。

気分転換という意味でも、メガネも数本を使い分けたいところです。もちろん、視力が変われればレンズのみを交換するのも可能です。

時計のお手入れ

お気に入りの時計は、長く使いたいアイテムの1つです。レザーや金属のブレスレットは肌に触れる面積が時計本体より広いので、本体よりケアが必要です。可能ならば、毎日の着用は避け、1日ずつ休ませると寿命が長くなります。

時計は汚れを拭き取るのが最大のお手入れで、できれば毎日帰宅した後、その日の感謝を込めて軽く拭いてあげましょう。

とくにレザーより数段丈夫に見えるメタルブレスレットは、意外と細かいパーツが使われていて汚れがたまりやすかったりします。メタルブレスレットは、コマの間の汚れもときどき細いブラシで取ってあげましょう。

時計の時間が1日5分以上遅れたり、急に止まったりするのは故障の前兆です。速やかにメーカーのカスタマーセンターに持ち込みましょう。

人間関係と同じで、どのアイテムもふだんからの気づかいで、末永いお付き合いとなります

第5章

最少の投資で最大の効果を得る「これだけワードローブ」

原理原則を知れば、服選びに迷わない

ファッションは廃《すた》れる。
だがスタイルは永遠だ

イヴ・サン＝ローラン

《 フランスのデザイナー。イヴ・サンローランの創業者 》

この章では、**ビジネスマンにとって最低限必要なワードローブ**を紹介していきます。毎日の出社時に迷わず、完璧な服選びができれば、あなたの印象も大きく変わります。

何より、最低限必要なワードローブがわかれば、まず無駄な買い物の必要がありません。セールでの衝動買い、もらったネクタイ、出張先であわてて買ったシャツなど、自宅のワードローブには数年以上着ていないシャツやスーツはないでしょうか。そんな無計画な買い物で、無駄なお金を使っていませんか。「これだけは必要」というビジネススーツで着回しをすれば、最少の投資で最大の効果を得られます。

季節ごとに必要なスーツの最低限の数を知ることで、悩む人が多いスーツ、シャツ、ネクタイのVゾーンの印象別の組み合わせがコーディネートできます。スーツが決まれば、シャツとネクタイが決まります。それに合わせて、最も大切な靴、ふだん使いの小物も自然に選べるようになります。すべては、ここでも「S（サイズ・シルエット）」と「F（素材）」と「C（カラー）」のバランスありきです。

大英帝国をルーツとする200年近い歴史を刻んできたビジネススーツの原理原則

をもとにすると（その原理原則を「6ポインツ・メソッド」と名づけ、第2章でイラストとともに見える化して解説しています）、「これだけは必要な服選び」もシンプルで簡単なことにむしろ驚きさえ覚えられると思います。

また、ブランドの価格とスタイルを2軸にした「価格帯とスーツ比率によるブランド分布図」も作製しました。一覧表をもとに、予算に合わせた購入先とブランドを見つけてください（160ページ〜165ページ参照）。

それらをもとに、あなたのビジネスにおける服装に関する疑問を、再現性100パーセントでロジカルに解決していきます。

原理原則通りにするだけで、服選びに迷わず、最適な着こなしができる

必ずしも値段が高ければいいわけではない

表面を作るということは
内部を改良する
一種の方法である

夏目漱石
《 日本の文豪 》

ビジネススーツは、郊外型量販店のセール価格の1万円以下から、有名ブランド生地を使用した100万円を超える高級オーダースーツまで幅広くあります。

日本は高価なラグジュアリーブランド、国内外の高級仕立て服、高級既製服と選択肢は世界一豊富です。低価格な商品のレベルも世界トップクラスです。

洋服のコストは、工業製品の1つとして考えると同じ製品を大量生産すれば安くなります。縫製業は典型的な労働集約産業で、人件費の安い国で大量生産すればもちろん安くなります。郊外にある量産型のスーツのチェーン店がその典型的な例です。

逆に、「丸縫い」と呼ばれる熟練の職人が手縫いで1着を仕上げるには、仮縫いも含めて最低1か月かかります。当然、非常に高価になります。

このように生産背景だけでも価格は大きく違ってくるので、仕上がったスーツに大きな品質や着心地の差が出るのは明白です。

しかし、だからといって高価なスーツを着れば、問題がすべて解決するわけではありません。**自身の収入や地位に見合ったスーツが最適の選択**だと、私は考えています。

では、ビジネススーツの適正な価格はいくらでしょうか。戦後のホワイトカラーが少なかったころは「初任給1か月分」がスーツの価格の目安でした。現代の感覚だとオーダースーツで20万円前後でしょうか。既製品だとその3割で6万円前後でしょうか。私の持論は「給料の2〜3割程度」が適当な価格選びの基準です。

スーツはふだんから毎日着ている人にとっては消耗品かもしれませんが、人生をともに歩む相棒としてであれば決して高い買い物ではないはずです。お気に入りのスーツは、不思議と自分にエネルギーを与えてくれます。

自分の収入に見合う適切な価格のスーツを選ぶ。上質な物には明確な違いがある

最低限用意すべきスーツはネイビーとグレー

その日、ひょっとしたら、運命の人と出会えるかもしれないじゃない。その運命のためにも、できるだけかわいくあるべきだわ

ココ・シャネル

《 フランスのデザイナー。シャネルの創業者 》

冒頭のココ・シャネルの格言のように、ビジネスでも運命の出会いは誰にでも日々起こり得ます。そのためにも、第一印象を大切にするべきです。

第一印象で、はずさないためにも、そろえるべきスーツのカラーは服飾学で色彩を表現する言葉にある「後退色」を意識しましょう。最たる後退色はブラックで、目立たない色です。続くのがチャコールグレー、ネイビーです。**ビジネススーツでそろえるべき基本となるカラーがこのグレーとネイビーです**。

大昔、私が若気の至りでイタリアのテーラーでスーツを初めてオーダーした際のことです。採寸の際に、「キミはどんな靴を履くつもりかい？」と店員に質問されました。目いっぱい見栄を張り、当時買ったイタリアの一流ブランドの定番の靴名を答えました。

すると、「それは大統領が履く靴だよ」と笑いながらいわれました。階級社会における階級の違いは着る服にもあったのです。そして、彼は「最初のスーツはグレーを着なさい」と教えてくれました。階級を超えても、初めてのスーツはグレーかネイビーがルールなのです。

グレーのスーツは、淡いライトグレーからチャコールグレーまで選択肢は意外と広くあります。淡いグレーは初夏などに涼し気で行動的な印象を与えます。そしてチャコールグレーに近づくにつれて安定感が増幅されます。**グレーのスーツは「オジさんスーツ」と呼ばれたりもしますが、じつは正しく着れば格上げできる魔法のスーツになります。**

ネイビーについても同様です。ひと言にネイビーのスーツといっても濃紺から淡いネイビーまでのバリエーションが昨今は豊富にそろっています。ネイビースーツの印象を濃淡4段階で説明します。

最も深いダークネイビーは以外とさわやかな印象です。少し青みが進んだインクブルーネイビーになると清々《すがすが》しい印象を与えてくれます。もう少し淡くなると若々しい印象が強くなります。明るいネイビーはスマートな感じとなります。

ネイビーのスーツは誰にでも似合いやすいのですが、その濃淡によって印象が変わるので、まずは試着することをおすすめします。実際に鏡の前で見ると、似合う似合わないが直感的にわかります。もし、自分の直感に自信がなければ、信頼できるパートナーに判断してもらってみてください。

最低限必要なスーツは、春夏用にまずはサマーウールと綿か麻混で2着。スリーシーズン用にウールで2着（もちろん、人気のストレッチ素材もOKです）。秋冬がフランネル、サキソニー、ツイード、ホームスパンなどの2着です。

また、日本には美しい四季があります。春と秋の快適さと違い、汗をかきやすい夏と寒さが厳しい冬もあります。同じスーツもスリーシーズン向きの春・夏・秋用もあれば、温度、湿度ともに高い日本の夏向き、そして冬向き素材もあります。

正しいルールに則って、スーツを選ぶ。そしてルール通りに正しく着こなす。基本色のスーツを着こなすようになってから、他の色や柄を試すのが王道です。

スーツの色はネイビーとグレーを選ぶ。
春夏物２着、スリーシーズンが２着、秋冬２着が最低限必要

シャツはベーシックなものから、少し遊びのあるものまで

お洒落をしない人間は、泥棒より醜《ひど》いと思う

宇野千代

《 小説家、随筆家 》

シャツは欧米では下着に分類され、当然ですが清潔感を求められます。ちなみに日本語の「ワイシャツ」は、英語の「ホワイトシャーツ」を聞き違えて名づけられて現在に至ります。

まずワイシャツの下には、目立たないベージュの下着がよいでしょう。

シャツの襟（カラー）はデザインが90度に開いているレギュラーカラーより、広いワイドカラーが現代のビジネスマン向けのシャツの主流です。また、少しフォーマル度が高まるとタブカラー、少しフォーマル度が下がるボタンダウンカラーも、ぜひお試しください。

スーツのVゾーンの基本は、スーツとシャツとネクタイとのバランスです（60ページ〜62ページ参照）。その組み合わせで印象が大きく変わります。

自分の基本色を決めると、シャツとネクタイの組み合わせのバリエーションも決まります。

シャツはホワイトとホワイトベースの細いストライプ柄を基本に、最低6枚を組み合わせ表のなかから選びましょう。さらに、淡いピンクのシャツもよいと思います。

シャツの襟の種類【Good】

レギュラーカラー

ワイドスプレッド
カラー

セミワイドカラー

ボタンダウンカラー

タブカラー

シャツの襟の種類【No Good】

極端に広がったワイドカラー

極端に小さい襟

二重の襟

襟の止めボタンが
2つ以上

派手なステッチ

毎日着替えても予備1枚が最低限の枚数です。もちろんそれ以上あるに越したことはありません

シャツとネクタイの組み合わせしだいで、全体の印象はかけ算的に変わります。かけ算なので、第2章のシャツとネクタイの組み合わせによる印象別マトリクスを参考にすると、あなたが与えたい印象から、必要なシャツがおのずと決まります。

シャツの基本色を決めると、どのシャツを着用してもネクタイ選びに迷わない

ネクタイは5本あると、上手に使い回せる

ネクタイは、
それを締めている人よりも
一歩先に部屋に入ってくる

サー・ハーディ・エイミス
《 イギリスの有名テーラー 》

プレーンノット

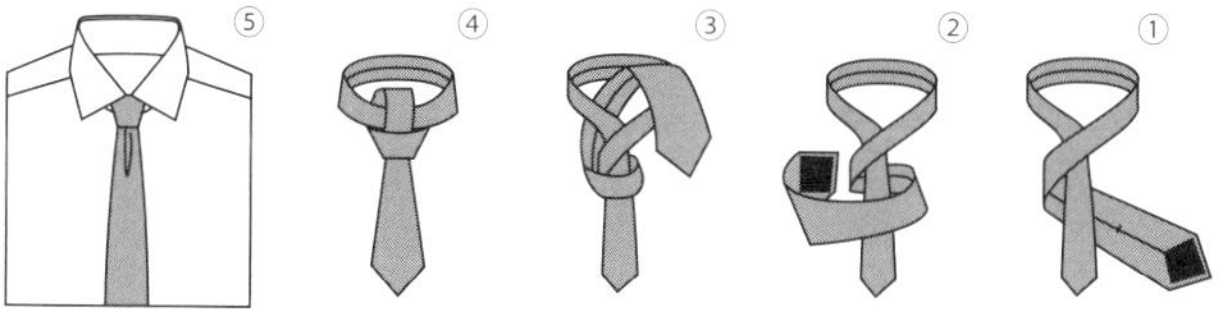

セミウィンザーノット

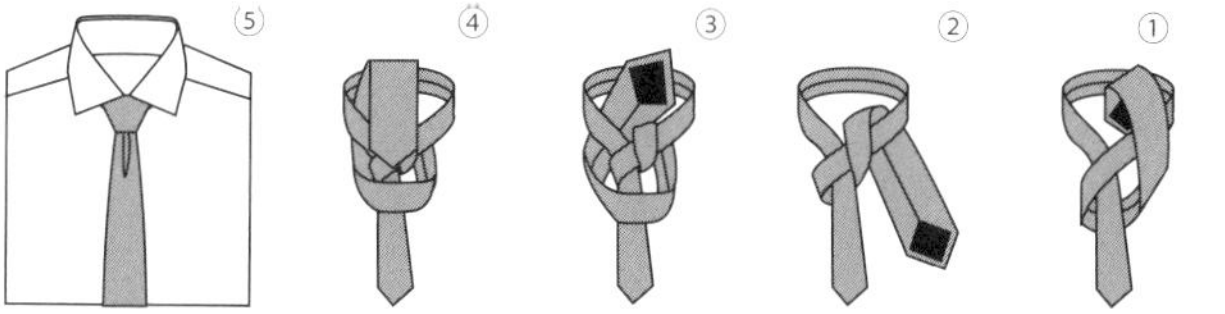

ビジネスマンによる服装の相談で多い質問の1つが「ネクタイの選び方」です。ネクタイをいかにうまく着回していくかということを前提として、Vゾーンの組み合わせに沿って説明していきます。

ネクタイ幅の最大幅は8センチ前後が標準です。ニットタイは少し細くなります。基本は上着の襟の幅とシャツの襟の長さとのバランスをチェックします。

襟の幅が狭いとネクタイも「ナロータイ」と呼ばれる幅の狭いネクタイが適切です。結び方はワイドカラーには「セミウィンザーノット」と呼ばれる結び方をしましょう（上記のイラストを参考にしてください）。

シャツの襟の幅が広がるほど結び目は大ぶりが似合います。また、**結び目を美しく見せるには、真ん中に「ディンプル」と呼ばれるくぼみをつくります。**これは結ぶ際に少しキツ目に結ぶとできます（試したことがない人は、ぜひ練習してみてください）。きっちりと結ばれたネクタイは、それだけで品のある印象を与えます。

まずそろえるべきネクタイは、Vゾーンのスーツとシャツとネクタイの組み合わせの表（60ページ〜62ページ参照）にもある次のグループから選んでください。

―無地

日本人は意外と愛用者が少ないのですが、合わせやすく大変重宝します。カラーはネイビー、グレー、ボルドー、ベージュから選んでください

細かい水玉模様

水玉はどなたにでも似合います。こちらもベースのカラーはネイビーとボルドーを

小紋柄

小紋もベースの色は必ずネイビーかボルドーです。たとえば、水玉がネイビーなら、小紋はボルドーにすると組み合わせが広がります

ストライプ柄

ストライプは多くの種類があります。最初に入手するのは2色使いのネイビーベースにボルドー。もしくはブラウンベースにブルーストライプを

チェック

グレーベースのチェック柄は、若さと少しカジュアル感を与えます

ニットタイ

濃いグレーのニットタイは春夏には涼感を、秋冬はカジュアル感を与えます

これらのネクタイを持っていると、着回しの組み合わせが広がります。最低限これだけはということでいえば、ネクタイは無地2本、水玉と小紋とストライプを各1本、よく着るスーツの色に合わせてそろえましょう。毎朝のネクタイ選びの悩みから開放されます。

基本のネクタイをそろえたら、次のステップとして、基本のネクタイの色違いを購入してみてください。はずさないネクタイのバリエーションが増えます。

昨今、夏場はクールビズで、ノーネクタイが定着しつつあります。しかし、ビジネスマンたるもの、いつ重要な来客があるか、または、自分が重要な顧客先を訪問するかはわかりません。ほとんどのシャツに合う無地のニットタイはロッカーなどに用意しておきましょう。「備えあれば憂いなし」です。

まずは無地２本、水玉と小紋、ストライプを各１本の合計５本をそろえる

靴は6足あると、オールラウンドに対応できる

その人が服に気を配っているかは、靴を見ればわかる

ジェームズ・ジョージ・フレイザー

《イギリスの社会人類学者》

靴は、ビジネススタイルのなかで最も大切なアイテムと私はとらえています。靴はフォーマル度が明確です。最低限そろえておきたい靴は、次の6足です。

○革底の基本的なビジネスシューズとして、内羽根と外羽根のブラックを各1足ずつ計2足
○ブラウンのレザービジネスシューズを1足
○ヌバックダブルモンクタイプのブラウンを1足
○雨用のビジネスシューズのブラックを1足
○スポーツタイプでないレザースニーカー、もしくはスニーカー底（ソール）のビジネスシューズを1足

靴のサイズ選びは、足の長さと幅で決まります。足を入れた際に窮屈な感じがしないことが大切です。

試し履きは、必ず両足で実際に歩いてみてください。メーカーによってサイズ感も違うので、自分の足に合うサイズの靴と巡りあえるまで試しましょう。

スーツがグレーもしくはネイビーなら、シューズはブランウンでもブラックでもカラーの相性は大丈夫です。可能ならベルトの色とはそろえましょう。バッグは、ブラックでもブラウンでもかまいません。

靴選びの際に、もう1つ**ポイントとなるのは靴と靴下の相性です。**フォーマルなビジネスシューズには、目立たない濃色の薄手の靴下が最適です。綿のカジュアルな靴下は避けましょう。

ビジネスシーンでは素足を見せないのもルールです。昨今、一般化しつつある短めのパンツにノーソックスのフォーマル度は高くありません。

スーツはもちろん、靴や靴下にまできちんと手入れが行き届いているビジネスマンなら、仕事でも気配りができること間違いありません。

靴は、それこそ足もとを見られても大丈夫な選択を。靴でスタイリングは完成する

コートは2着あると、使い勝手がいい

私は楽観主義者である。しかし私はレインコートを持っていく楽観主義者だ

ハロルド・ウィルソン

《 英国の元首相 》

ビジネススタイルで着用するコートは、大きく2つの目的に分かれます。まずは、防寒の目的です。寒さを防ぐ際にもネクタイスタイルに最適なシングルのチェスターコートは、素材も厚めのウールやカシミア混等も豊富です。カラーはネイビーかブラックが基本です。冠婚葬祭時でも役立ちます。少し度数を下げると、ウールやカシミア素材のポロコートがおすすめです。

また、ステンカラーコートは、取り外し可能な裏ボア付きのものは防寒効果もあり、春・秋・冬のスリーシーズンに対応可能です。防寒目的以外では、防水機能を中心としたトレンチコートやステンカラーコートがあります。色はブラウン系も合わせやすいでしょう。

それぞれのコートは、次のページのイラストをご参考ください。フォーマル度に沿って、訪問先に合わせて着用するのが賢明です。

「タカギ式フォーマル度数表」には、紙幅の都合上、コートについては触れておりません。そのため、ここに、コートのフォーマル度数を解説しておきます。

チェスターコート

ポロコート

ピーコート

ステンカラーコート

トレンチコート

ポロコートが9度、チェスターコートが8度、ステンカラーコートとトレンチコートが7度、ピーコートが6度です。他の服やアイテムと同様に、ここでも8度以下は、上下の度数のコートと組み合わせても大丈夫です。

そしてマナーとして、コートは訪問先の方と会う前に脱ぐことをお忘れなく。

何ごとも奇をてらわないのが基本。
コートもベーシックなスタイルとカラーが最大公約数

ポケットチーフという、さりげない演出

一着の服装をするということは、社会に対する自分の意識を表現することですから

山本　耀司

《 日本を代表するデザイナー 》

ビジネススーツにはルールがあるというと、みなが制服のように個性のないスタイルになるかというとそうではありません。決められたルールのなかで、遊びの要素も意外とあります。**大切なことは、気配りが行き届いているという印象を持たれるかどうか**で、寸分のスキもないほど細かく考える必要などありません。

個性として、すぐに役立つ簡単な演出に、ポケットチーフがあります。初心者は白のポケットチーフを。少し慣れればシャツの色に合せたカラーのポケットチーフを「TVホールド（長四角な形が出る）」で胸ポケットに差し込みましょう。シャツの基本色が入っていれば無地でも柄でもチェックでもOKです。同じ柄は避けましょう。

無造作にポケットチーフを逆さに入れる「クラッシュ」と呼ぶさし方もあります。もともと手を拭くハンカチを出し入れしていた名残りとの一説もあります。TVホールドより華やかでパーティのときなど映えます。

ポケットチーフは、見える面積以上に印象を演出してくれます。

ポケットチーフは「きちんとした感」が伝わる演出の1つ

【TV ホールド / スクエアーホールド】

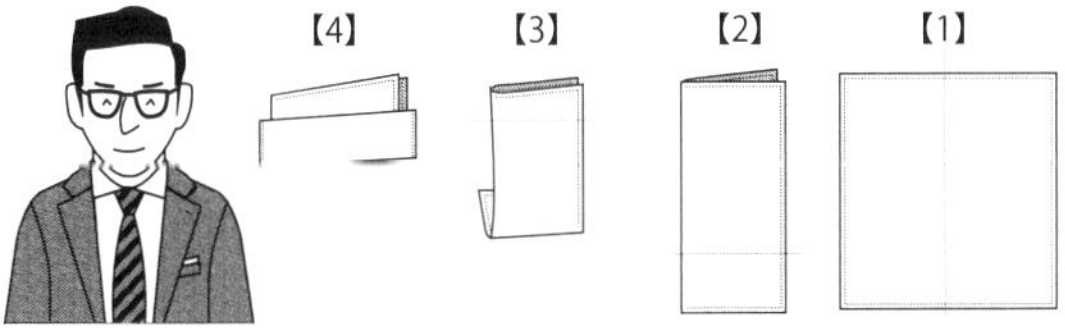

ポケットチーフ

【クラッシュ】

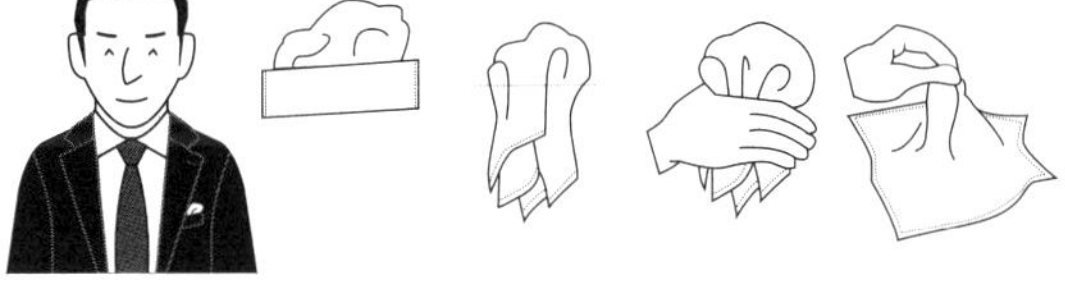

価格帯とスーツ比率によるブランド分布図

銀行員か、自営業か、選択するブランドはその職種による

落合 正勝

《服飾評論家》

市場には、数えきれないほどの洋服のブランドがあふれています。

私がスタイリングをお手伝いする方からの質問で多いのが、「どのブランドの洋服を着れば恥ずかしくないか」というものです。

個々のブランドは、価格やデザインの傾向でそれぞれのポジションがあります。そこで、私は価格帯を縦軸に、スーツ比率（デザイン性の高さや、最新のファッション度など）を横軸に、次の3つの地域別にブランド分布図を作成しました。

○東京駅・銀座地区の商業施設と路面店
○新宿地区の商業施設と路面店
○大阪駅・梅田地区の商業施設と路面店

この図の見方は非常にシンプルです。まずは各ブランドの中間価格を基準としたのが縦軸です（リユースは除外）。軸の上にあるブランドほど高価格帯中心のブランドです。下にいくほどお求めやすくなります。右にいくほど扱う服のスーツ比率が高くなっています。

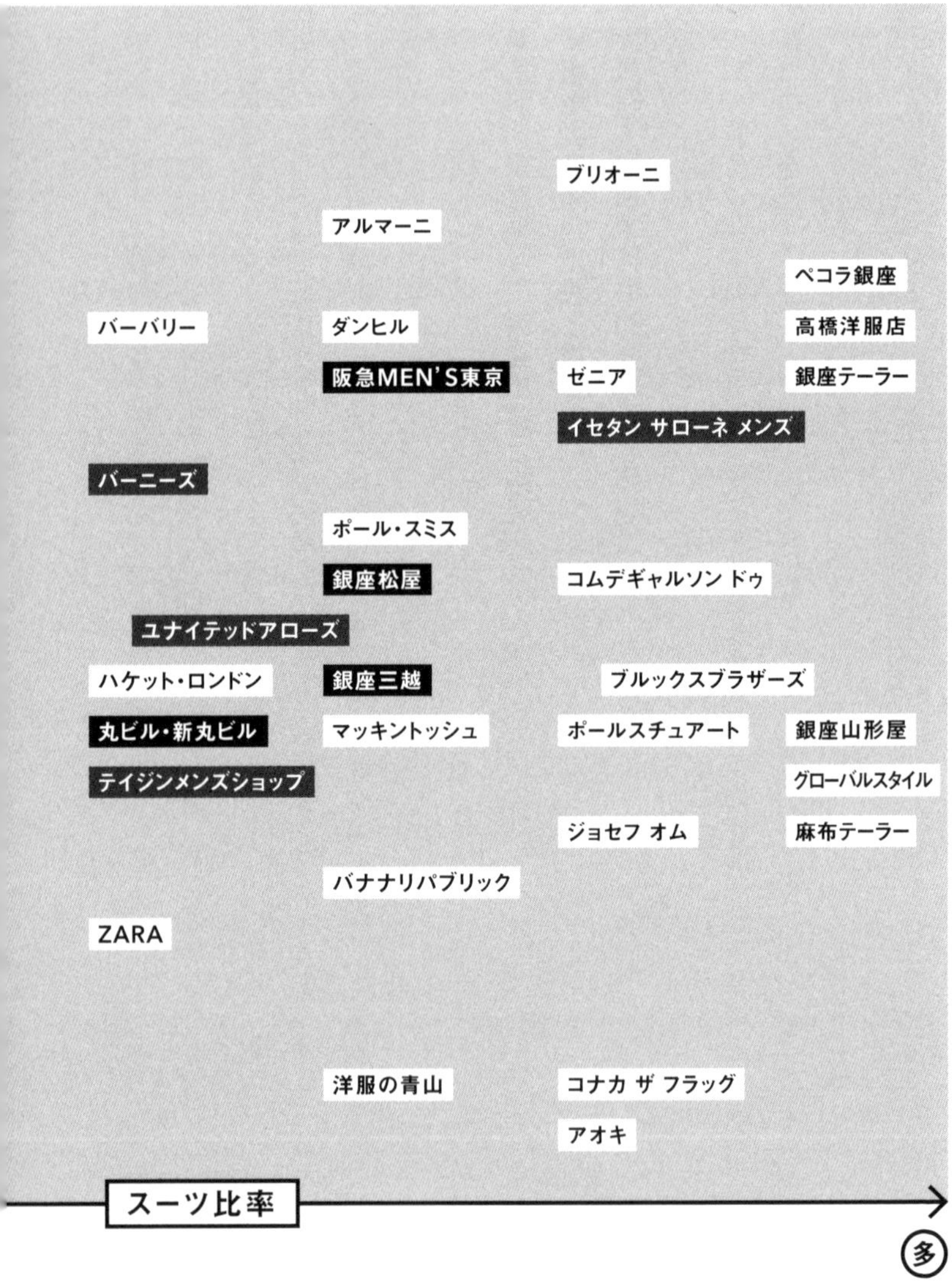
ブリオーニ
アルマーニ
ペコラ銀座
バーバリー
ダンヒル
高橋洋服店
阪急MEN'S東京
ゼニア
銀座テーラー
イセタン サローネ メンズ
バーニーズ
ポール・スミス
銀座松屋
コムデギャルソン ドゥ
ユナイテッドアローズ
ハケット・ロンドン
銀座三越
ブルックスブラザーズ
丸ビル・新丸ビル
マッキントッシュ
ポールスチュアート
銀座山形屋
テイジンメンズショップ
グローバルスタイル
ジョセフ オム
麻布テーラー
バナナリパブリック
ZARA
洋服の青山
コナカ ザ フラッグ
アオキ
スーツ比率
多

東京駅・銀座近辺

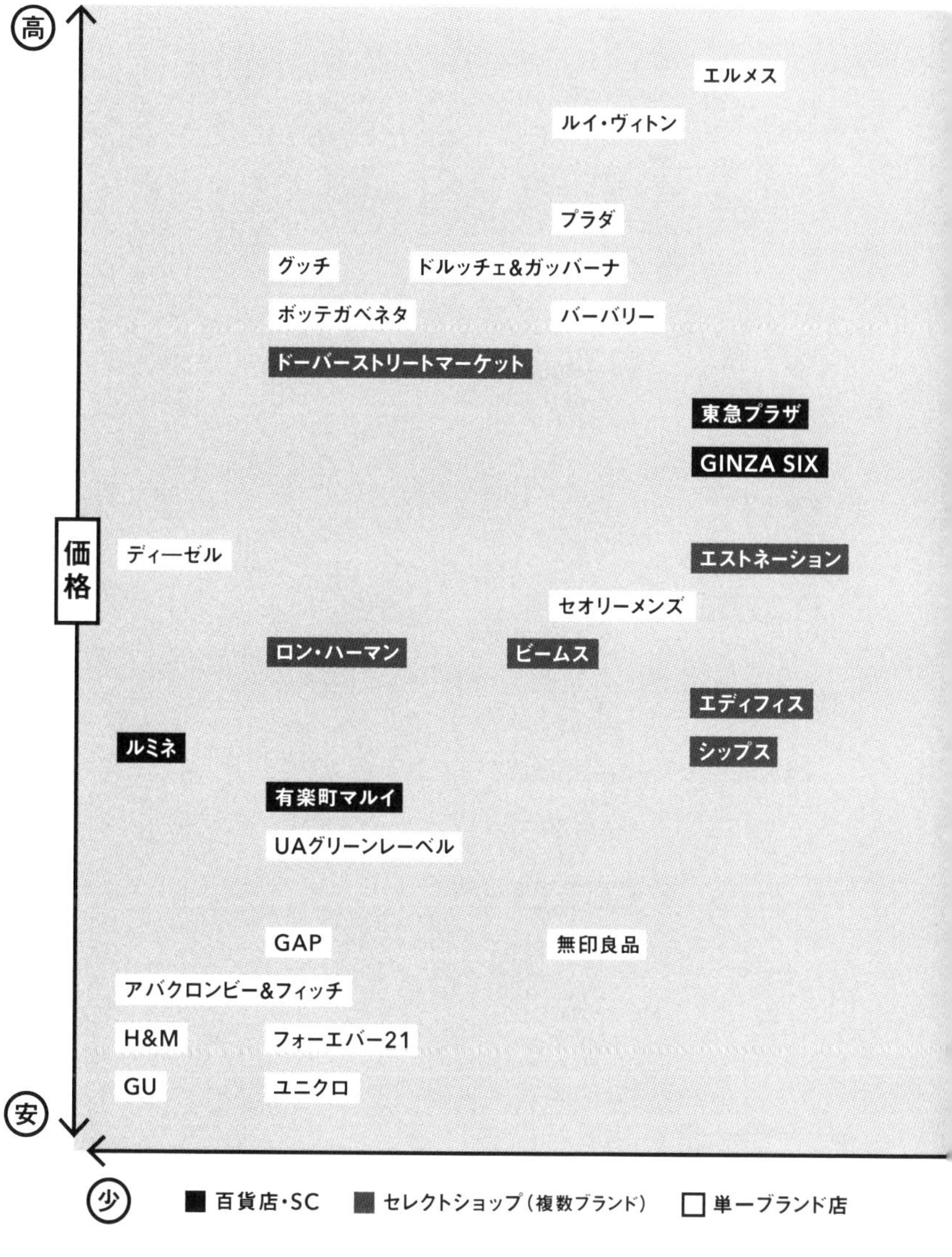
高
価格
安
少
エルメス
ルイ・ヴィトン
プラダ
グッチ
ドルッチェ&ガッバーナ
ボッテガベネタ
バーバリー
ドーバーストリートマーケット
東急プラザ
GINZA SIX
ディーゼル
エストネーション
セオリーメンズ
ロン・ハーマン
ビームス
エディフィス
ルミネ
シップス
有楽町マルイ
UAグリーンレーベル
GAP
無印良品
アバクロンビー&フィッチ
H&M
フォーエバー21
GU
ユニクロ
百貨店・SC
セレクトショップ（複数ブランド）
単一ブランド店

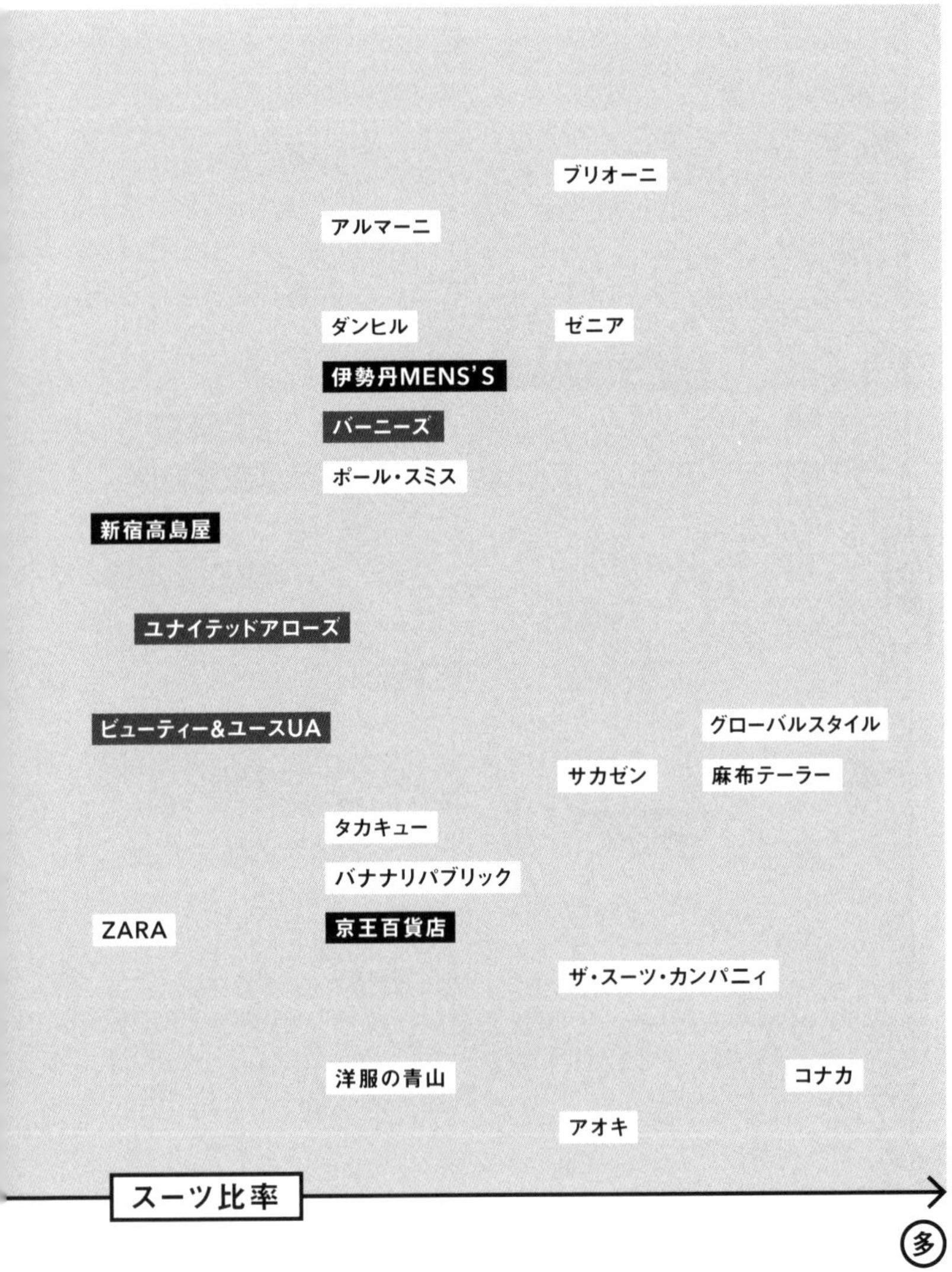
ブリオーニ
アルマーニ
ダンヒル
ゼニア
伊勢丹MENS'S
バーニーズ
ポール・スミス
新宿高島屋
ユナイテッドアローズ
ビューティー&ユースUA
グローバルスタイル
サカゼン
麻布テーラー
タカキュー
バナナリパブリック
ZARA
京王百貨店
ザ・スーツ・カンパニィ
洋服の青山
コナカ
アオキ
スーツ比率
多

新宿近辺

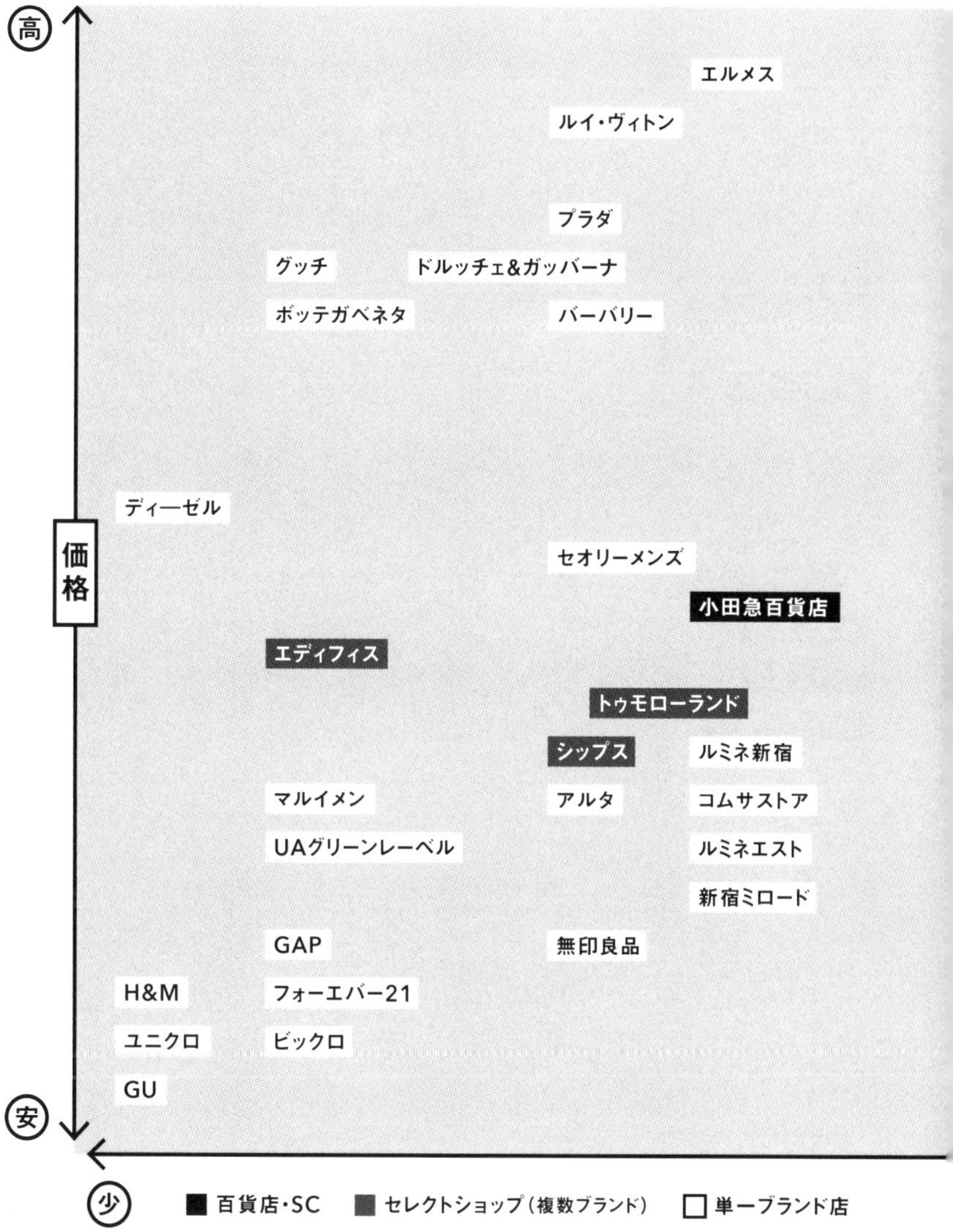
高
価格
安
少
エルメス
ルイ・ヴィトン
プラダ
グッチ
ドルッチェ&ガッバーナ
ボッテガベネタ
バーバリー
ディーゼル
セオリーメンズ
小田急百貨店
エディフィス
トゥモローランド
シップス
ルミネ新宿
マルイメン
アルタ
コムサストア
UAグリーンレーベル
ルミネエスト
新宿ミロード
GAP
無印良品
H&M
フォーエバー21
ユニクロ
ビックロ
GU
百貨店・SC
セレクトショップ（複数ブランド）
単一ブランド店

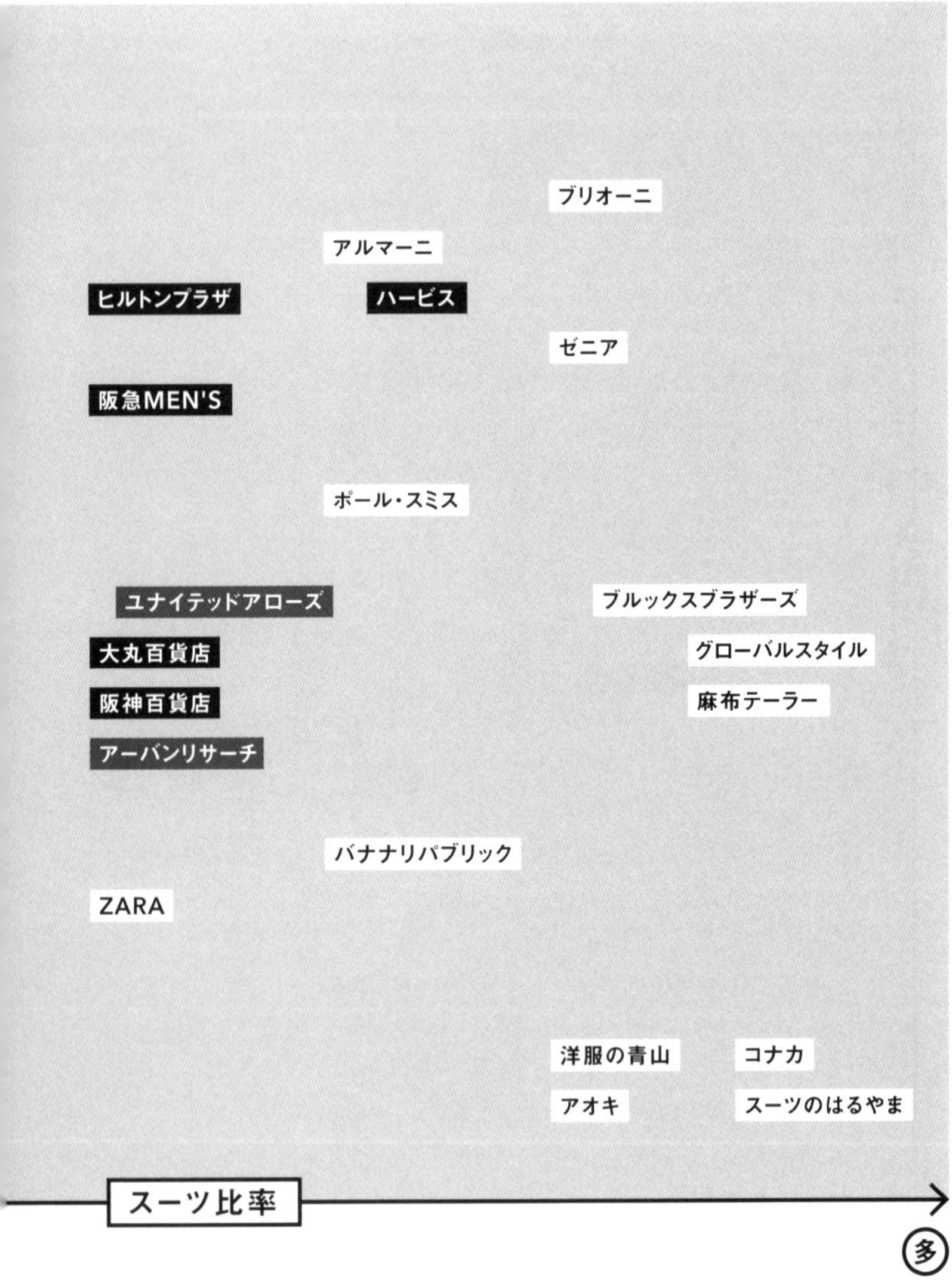
ブリオーニ
アルマーニ
ヒルトンプラザ
ハービス
ゼニア
阪急MEN'S
ポール・スミス
ユナイテッドアローズ
ブルックスブラザーズ
グローバルスタイル
大丸百貨店
阪神百貨店
麻布テーラー
アーバンリサーチ
バナナリパブリック
ZARA
洋服の青山
コナカ
アオキ
スーツのはるやま
スーツ比率
多

梅田近辺

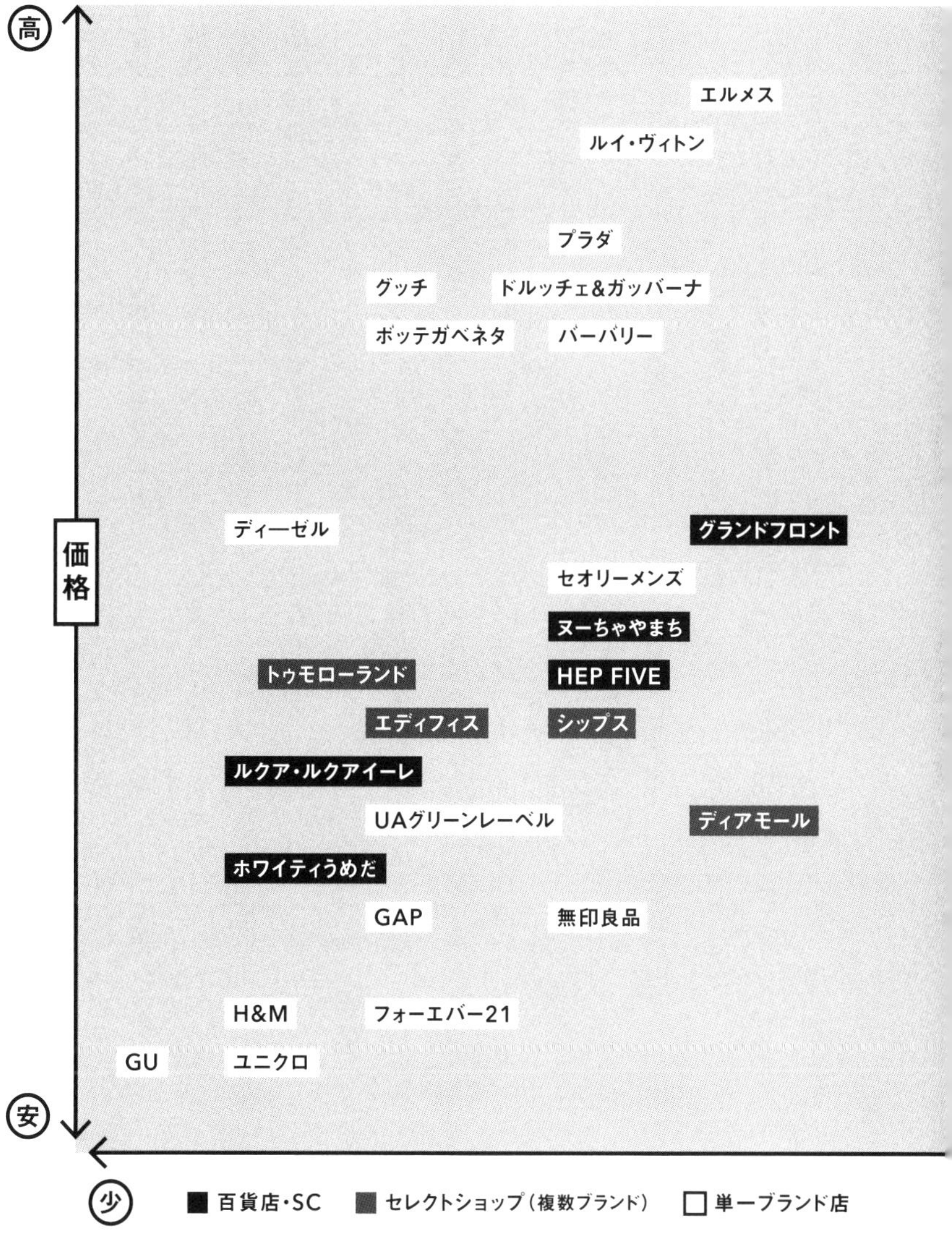

高
価格
安
少
エルメス
ルイ・ヴィトン
プラダ
グッチ
ドルッチェ&ガッバーナ
ボッテガベネタ
バーバリー
ディーゼル
グランドフロント
セオリーメンズ
ヌーちゃやまち
トゥモローランド
HEP FIVE
エディフィス
シップス
ルクア・ルクアイーレ
UAグリーンレーベル
ディアモール
ホワイティうめだ
GAP
無印良品
H&M
フォーエバー21
GU
ユニクロ
百貨店・SC
セレクトショップ（複数ブランド）
単一ブランド店

ファッション産業は毎年、毎シーズンごとに需要を喚起するために流行やトレンド情報を多くのメディアを通じて発信します。つまり、ブランドによって毎シーズンごとに売り出す服の傾向が変化するわけです。春夏シーズン、秋冬シーズン、かつ欧米ではクリスマスのバケーションのためのホリデーコレクションを加えています。過去の商品の陳腐化は、最大の新規需要を生み続けるのです。

しかし、ビジネススーツは少しずつタイトになったりソフトになったり、襟やネクタイが太くなったり細くなったりという流れはありますが、それほど毎年ごとに顕著な変化はありません。そこで、図の右軸にいけばいくほど、スーツスタイルの比率が高いブランドで、左側にいくほど、ビジネスマンとはあまり関係性が薄いブランドというのをひと目でわかるようにしました。

図ではメンズブランドのスーツの価格帯を下段をリーズナブル（1万円から4万円前後まで）、中段をデラックス（5万円～15万円前後）、上段をラグジュアリー（16万円以上）としました。つまり、売り場による中心価格帯でポジションを決めています。

ただし、これらはあくまで私の個人的な意見で、中心価格帯を基準としています。収入と関係なく高価なスーツを購入する方もいらっしゃれば、高収入でも消耗品として安価なスーツを購入される方もいます。個人の価値観ですから、何も否定する理由はありません。

しかし、ビジネスでの服装は相手あってのもの、ということはお忘れなく。ご自身の立場、会社を代表して交渉やご挨拶に行かれるのなら最低限の礼儀としてご自身に合ったレベルの服装が必要になります。

ニューヨーカーには、スーツは自己投資だという人も少なくありません。保守的な英国ではどうでしょうか。父と同じ専門店でスーツを購入するのも珍しくはありません。祖父のスーツをお直しして着用した話も聞きます。

言い方を換えれば、外見はあなたの包装紙です。まとう人にふさわしい包装紙を選ぶのが合理的ではないでしょうか。

ブランドを選ぶ基準は、まず「シンプル」で「過剰」でないこと。あなたの社会的ポジションに合った価格帯も意識しましょう

オーダースーツのすすめ

人はその制服どおりの人間になる

ナポレオン・ボナパルト

《 フランスの皇帝 》

ひと昔前までは、スーツはフルオーダーメイドが主流でした。しかし、これまでは職人仕事であった縫製作業などが、昨今はＩＴ技術の進化によってＣＡＤやＡＩによって効率化し、品質をあまり下げずに低価格化が進んでいます。

最近では、ＡＩの進歩で今までパタンナーが作っていた型紙まで即時に作製できます。そのおかげで、セミオーダーやパターンオーダーが以前と違い既製服並の価格で提供されています。これは大きな流れとなり売場も広がっています。中国ではオーダースーツの工場をＩＴ産業として政府が支援しているくらいです。

人間の体は左右対称ではありません。腕の長さも、足のサイズも左右で違います。そのため、体型をいくつかのパターンで合わせる既製服で本当に自分に合うかというと、体型によっては無理があります。

体型をカバーして本人に合ったスーツを手に入れるには、知識を持った方に正しく採寸してもらい、アドバイスも受けながらオーダースーツを作るのがおすすめです。従来からのオーダー専門店だけでなく、有名百貨店のセミオーダー、スーツ量販店、アパレルメーカーが新規のオーダー専門店を次々にオープンさせています。

有名店のフルオーダーは当然ながら高額です。しかし、セミオーダーやパターンオーダー等も既製服の価格帯とそれほど変わらなくなったという話をしましたが、とくに体型が個性的な方には最適です。選択肢は広くなりますから、ぜひお試しください。

オーダーメイドとまでいわなくても、自分の体にフィットするよう、補整するだけでも、着心地はまったく違ってきます。

自分だけのための1着を身にまとうと、鏡のなかに新しい自分自身を発見できます。それに、勝負スーツがワードローブにあると心強く安心です。その安心感が自信に変わります。

体型をカバーしてくれるオーダースーツが手頃になっている。自分にぴったりとサイズが合う服は、自信を与えてくれる

第6章

「これをやったらアウト！」な着こなしNG例

人の振り見て我が振り直そう

優秀な芸術家は模倣し、
偉大な芸術家は盗む

パブロ・ピカソ

《 スペイン生まれの世界的な画家 》

「ボロは着てても心は錦」なんて言葉もありますが、ビジネスマンにとっては何を身に着けるかは社会常識です。いくらセンスのよい格好をしていても、清潔感に欠けたり、だらしない格好だったりすると、すべて台なしです。気配りも、まず自分の外見からです。「これをやったらアウト!」を知って、避けることが「一流に見える服装」となる最短ルートです。この章では、NGの典型的なケースを紹介していきます。

清潔感に欠ける

不潔、だらしない……これは社会人としてもマナー以前の問題です。毎日同じ服。肩にフケが目立つ。汚れやシミのついたままの襟。シワだらけのスーツ。スーツやシャツの袖の擦り切れ、ズボンの裾の擦り切れ。スーツの上着のひじやパンツのヒップがテカっている。靴のかかとが極度に減っている。靴の手入れがされていなく汚いまま。汚れたメガネをかけて普通に仕事をしている。例を挙げればキリがありません。また、男性に多いのが頭髪の手入れや整髪を出勤前にしていないケースです。朝に整髪料とブラシかクシでたった2分あれば十分整えられます。習慣化しましょう。

──スーツのポケットが小物入れ代わり

スーツの上着の表側に付くポケットは、本来は飾りです。上着の内側には財布やペンなどを入れるポケットがちゃんとあります。しかし、胸ポケットにペン、なかにはメガネまで入れるという人を見かけることがあります。外側のポケットに週刊誌、夕刊紙、小型タブレットと小物入れ代わりにしている人も見受けます。

スーツのポケットを小物入れ代わりにすると、スーツ本来のシルエットを壊し、かつ相手に無神経な印象を与えてしまいます。**スーツのポケットは最小限の物を入れるようにとどめましょう。**

胸ポケットはポケットチーフのみ。上着のポケットにはせいぜいスマートフォンや薄型の名刺入れまで。内側のポケットに入れるのは財布、名刺入れ、薄い手帳、ペンなど本来の入る物を収めます。

パンツのポケットはハンカチーフ、小銭入れ程度が適当です。厚みのある長財布を後ろのポケットに入れるのも避けましょう。必要なものはビジネスバッグに入れるのがルールです。「適材適所」です。

スーツのポケットが小物入れ代わり

柄スーツ×柄シャツ×柄ネクタイ

自分では格好いいと思いながらNGなファッションをしている人の大きな勘違いとして、「オシャレ（本当のお洒落と区別するため、カタカナで表記）＝目立つこと」と思い込んでいる場合が多いです。

高級オーダースーツに多い珍しい柄物、変に凝りすぎた襟のデザインのシャツ、芸術的すぎるネクタイ、ましてやそれらすべてを組み合わせたスタイルなんて、お話になりません。何度もお伝えしているように、ビジネスシーンの服装は相手がありきです。知性なきコーディネートは仮に仕事ができたとしても悪い印象を与えます。

まず、ビジネスシーンにおいてのスーツは無地のグレーかネイビーが基本の基本です。派手な色や柄のスーツで目立とうなど、はなはだしい誤解です。整ったスタイルのなかに、さりげないお洒落がビジネススタイルに求められています。

スーツが目立たない柄物でも、シャツは無地あるいは細いストライプに無地のネクタイ、無地のスーツに柄のシャツならネクタイは目立たない柄など無地を組み合わせに入れることで安心感が出ます。イラストのように「井の中の蛙《かわず》」にならないように。

柄スーツｘ柄シャツｘ柄ネクタイ

勘違いオシャレ

お洒落に無関心の人の対極にありながらも、意外とNGなケースが多いのが「自称オシャレ大好き人間」という人が陥りやすい、勘違いオシャレです。さきほどの「オシャレ＝目立つ」に近いタイプです。

たとえば、お洒落を勘違いしている人にかぎって、派手な色を選びがちです。派手な色の服を上手に着こなす上級者の方もいますが、本当に少ないです。

服装は全体のバランスが第一です。派手な色のアイテムは基本的にビジネスシーンに向きません。たとえば、派手なネクタイを好む人も見かけますが、ネクタイだけ目立ちすぎて全体のバランスを壊し、印象はよくありません。

派手派手しかったり、奇抜だったりするメガネや小物類も同様です。極端な例ですが、初対面にイラストのような格好をしたビジネスマンがいたらいかがでしょうか。特別な職業の方なら許せるでしょうが、初めて会ったビジネスの相手が平気でそんな格好をしていたり、変なメガネをかけたり小物を使ったりしていたら、一歩引いてしまうのではないでしょうか。「過ぎたるはなお及ばざるが如し」です。

目立ちすぎる色やアイテム

第一印象は、文字通り一度しかチャンスがないのです。それがその人のすべてと理解されてしまっては取り返しがつきません。お洒落と目立つだけとは次元の違うものです。**一見すると目立たないのにディティールは凝ったお洒落が、ビジネスシーンにおける正解です。**「能ある鷹は爪を隠す」です。

――自分の体型を考慮しない格好

ファッションには当然、流行があり、シーズンごとにパリやミラノで新しいコレクションがたくさんのデザイナーによって発表されています。流行っているからと、自分の体型を考えずに細身のスーツを無理やり着ている人をたまに見かけます。ファッション誌のイタリア人モデルのスナップをそのまま着る、なんていうのもそうです。

ビジネススタイルで大切なのは、自分に似合い、かつ相手からの印象がよいものです。流行を取り入れるのは悪いことではありませんが、ビジネススタイルにおいての優先順位は高くありません。流行のスタイルを取り入れるよりも、自分に似合っているかどうかが最初の判断基準です。

無理に細身のスーツを着用

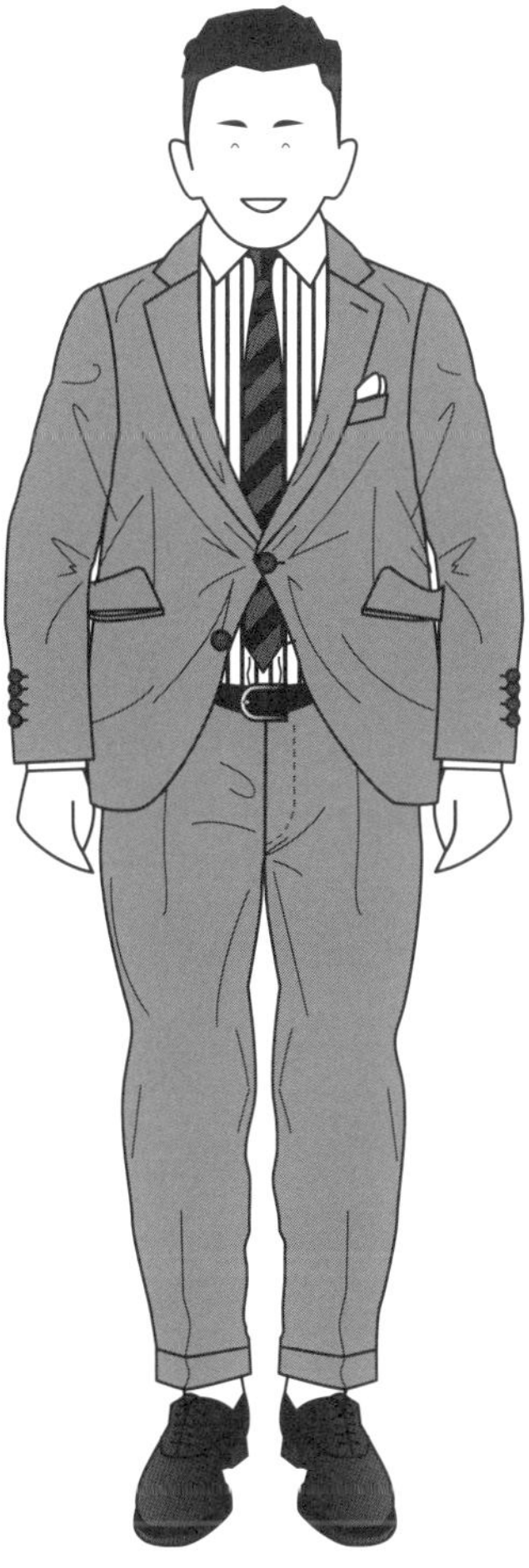

ビジネスは相手ありきという点からも、服装によって与える印象の優先順位は「信頼感」や「好感度」です。自分の体型・サイズに合ったシルエットを選ぶだけで、見た目の印象も大きく変わります。服装によって、自分自身の欠点をカバーするのか、強調（して失敗）するのかの差は想像以上に大きいのです。「灯台もと暗し」です。

高級ブランドのロゴがまる出し

高級ブランドに妄信的で、これさえ持てば免罪符のようにいつでも同じアイテムを使っている人は少なくありません。自分の軸がない方がブランドの威光を借りて安心しているのです。

これみよがしのロゴが大きく描かれた財布や鞄。ベルトのバックルが大きなロゴマーク。ロゴを見ただけで、いかにも高そうだと値段がわかる商品群。ロゴマークとは違いますが、シャツの袖からのぞく金ぴかの輸入高級ブランド時計。なかにはダイヤモンドや宝石付きの装飾時計もあります。

これらはお金持ちのアピールなのかもしれませんが、ビジネスシーンにおいてどんな印象に映るでしょうか。成金趣味、センスが悪いという印象を与えるだけでなく、まっとうな仕事をしていないと思われてもしかたありません。華やかなパーティーならまだしも、ビジネスには似つかわしくありません。「虎の威を借る狐《きつね》」です。

足もとで台なし

大事なことなので繰り返しになってしまいますが、靴は服装全体の印象を決める最も大切なアイテムです。

試しにスーツにネクタイを締めたスタイルで、足もとをレザービジネスシューズ、レザースニーカー、スポーツシューズ、サンダルと履き替えて鏡でご自身をご覧ください。想像以上に、違いが明白なはずです。靴とフォーマル度は密接に関係しています。

それと、多く見かけるのが日本独特のコンフォートシューズです。これは非常に残念ながら悪意なく広く普及しています。それに、履きやすいし、毎日履いても疲れなさそうです。しかし、この靴は誰が履いてもすべてを台なしするほどの破壊力を秘めています。コンフォートシューズの他にも、過剰なデザインや、先が異常に尖っているシューズ等もNGです（112ページ参照）。

靴選びは大変重要です。履き心地だけでなく、見た目と全体のバランスを忘れずに。長く付き合える正しいデザインのシューズを選びましょう。「地に足が着く」です。

姿勢が悪い

いくら高価なスーツを着用しても、姿勢が悪いとスーツは美しく見えません。

背筋を伸ばし胸を張りましょう。姿勢は自分で意識的に胸を張るくらいでちょうどよく、スーツも美しいシルエットになります。姿勢がよいと、自然に視線も前を向きます。文字通り、前を向くと心理的にもやる気や活力が生まれてきます。姿勢と視線は明確な相互関係があります。つい、うつむき加減になりやすい方は、意識的に姿勢を正すためにタイトなシルエットのスーツを着るのも効果的です。

また、実際に姿勢を矯正できるスーツの仕立て方もあります。年齢を重ねると姿勢がうつむき加減になります。前向きな人生を送るためにも、正しい姿勢でスーツを着用しましょう。姿勢を正すことは、レオナルド・ダヴィンチの言葉にも「体の中心、健康の基本、長寿の秘訣は背骨にある。姿勢の悪さは背骨を歪め、万病の元凶となる」とあるように大切です。

心の姿勢も正す

社会と関わるあなたの中身の一番外側は服装です。「人間は外見ではなく、中身だ」という人もいます。私は、外見は中身とつながっていると考えています。

誰にも、人の心をはじめ内部にあるものは目に見えません。しかし、顔色や表情からあなたの心理状態や健康状態を推測するように、服装には、あなたの「こころ」も反映されると私は思っています。

今、あなたの「こころ」はどんな状態でしょうか？　心の姿勢もよくないと、いくら服装を変えても、人生は変わりません。心の姿勢も正して、服を正しく着こなせば、きっと強い味方となって、あなたの背中を押してくれ、人生を応援してくれます。たかが「服装」、されど「服装」です。

あとがき　～服で人生は変わる～

最後までお読みいただき、ありがとうございます。

「6ポインツ・メソッド」をはじめとした『一流に見える服装術』は、「こういうときには、これが正解」というのがすぐにわかる、非常にロジカルなものだということを感じていただけたでしょうか。

この本のサブタイトルにある「センスに関係なく『最適な服』が選べるスーツスタイルの教科書」を世に送り出すことは、これまでずっとファッション業界に身を置いてきた私の長年の夢であるだけでなく、服装で損をしている多くのビジネスマンにとって絶対に役立つと思い、本書をまとめました。

「服選び」ということに関していえば、私が初めて自分の意思で服を選んだのは、前回の東京オリンピックの年（1964年）でした。当時、小学6年生の私に、祖母が「好きな服を買っていいよ」といってくれたのです。

私が選んだのは、Gパン（現在のデニム）にブルーベースの横縞のクルーネックセーターでした。しかし、母からは「Gパンは不良の服だ」と叱られたほろ苦い思い出があります。それが服選びの大切さを、最初に考えた出来事かもしれません。

その後、60年代のアイビーブームの洗礼を受け、日本のメンズファッションの礎を築かれた穂積和夫先生や石津謙介先生の著作に出合いました。おふたりから学んだことをはじめ、男性の服装術の原理原則は、基本的に半世紀をすぎた現在も変わっていません。本書では、一部は現代に即してアップデートしながらも、そんな普遍的なルールを散りばめました。

だからこそ、この本はただ読んで終わりにはしないでください。『一流に見える服装術』による成果を手にするには、読者のみなさまの「行動」ありきです。この本でお伝えしてきた正しいビジネススタイルを実践してみてください。

服を変えるのは、誰でも、いつでも、どこでも、すぐに、できます。たった一度の人生をより豊かなものにするうえでも、「服装術」の力は想像以上に大きいのです。

服装を変えることで、読者のみなさまの人生も変わることを確信しています。

最後に、私の長年の夢でもあった「ビジネススタイルのルールブック」を実現するべく、スタイリッシュで、かつわかりやすいイラストを描いてくださった田島重則さん。ファッション好きの人だけでなく、ファッションに困っている人に届く本にしたいというコンセプトをビジュアル化して、素敵な装丁をしてくださったtobufuneさん。私の拙い文章に対して的確なご指摘をくださったことはもちろん、多くの方にこの本を届けるために御力添えくださった日本実業出版社のみなさま。そして、これまで私の人生を支えてくださった、多くの方にこの場をお借りして深く感謝いたします。

ページ数も残りわずかとなり、みなさまに最後に送る格言です。

「物語はここから始まるのだ」　手塚治虫（漫画家）

では、新しいスタイルで、あなたの新しい物語を始めましょうか。

２０１８年３月

たかぎ こういち

参考文献

『着るか着られるか』（保積和夫／三一書房）
『男のお洒落実用学』（石津謙介／婦人画報社）
『いつ・どこで・なにを着る？』（石津謙介／婦人画報社）
『The consumer's guide to menswear』（Dolce, Donald / Dodd, Mead & Company）
『New DRESS FOR SUCCESS』（John T.Molloy / WARNER BOOKS）
『ファッションコーディネートの世界』（林泉／文化出版局）
『A Man's Guide To Style』（Hal Rubenstein with Jim Mullen / Daubleday）
『Dress Casually for Success FOR MEN』（Mark Weber / Mc Graw-Hill）
『ハーディ・エイミスのイギリスの紳士服』（ハーディ・エイミス／森秀樹訳／大修館書店）
『女性がふりむくメンズファッション・テクニック集』（川木淳／第三書館）
『愛するモノの選びかた』（落合正勝／世界文化社）
『スーツの神話』（中野香織／文藝春秋）
『服飾評論家が見てきた洒落者たちの風景』（落合正勝／はまの出版）
『男も女も気になるオシャレの話』（伊藤紫朗／講談社）
『男の服装　お洒落の基本』（落合正勝／世界文化社）
『365 STYLE AND FASHION TIPS』（Claidia Piras and Bernhard Roetzzel / DUMONT monte）
『プロトコール入門』（安倍勲／学生社）
『男の装い　基本編』（落合正勝／講談社）
『男の仕事は外見力で決まる』（大森ひとみ／幻冬舎）
『男の服装術　カジュアル編』（落合正勝／ＰＨＰ研究所）
『人は見た目が9割』（竹内一郎／新潮社）
『men's style book』（菅井久子／ゴマブックス）
『上司のための印象10倍アップ服装術』（小池恵子／東洋経済新報社）
『日米英ファッション用語イラスト事典』（若月美奈・杉本佳子／繊研新聞社）
『アイビーは、永遠に眠らない』（花房孝典／三五館）
『男のお洒落99』（出石尚三／文藝春秋）

『福沢諭吉　背広のすすめ』（出石尚三／文藝春秋）
『ファッションスキルは大人の「教養」』（森井良行／ＰＨＰ研究所）
『ダンディズムの系譜』（中野香織／新潮社）
『男の「外見」コーチング』（三好凛佳／ＰＨＰ研究所）
『ファッション・ライフのはじめ方』（高村是州／岩波書店）
『大人の男の服装術』（滝沢滋／ＰＨＰ研究所）
『成功する男のファッションの秘訣60』（宮崎俊一／講談社）
『男の休日着こなしの方程式』（森岡弘／講談社）
『1億人の服のデザイン』（滝沢直己／日本経済新聞出版社）
『THE MEN'S CASUAL BIZ STYLE BOOK』（大西陽一／実業之日本社）
『一流の男の勝てる服　二流の男の負ける服』（政近準子／かんき出版）
『35歳までに知っておきたいスマートスーツ』（木村公一／プレスワールド）
『お洒落以前の身だしなみの常識』（加藤智一／講談社）
『デキる男のお洒落の極意』（森岡弘×高橋みどり／講談社）
『大人のための私服の教科書』（久保田卓也／飛鳥新社）
『流行服　洒落者たちの栄光と没落の７００年』（長澤均／ワールドフォトプレス）
『絵本アイビー図鑑』（保積和夫／万来舎）
『服は口ほどにものを言う』（鈴木晴生／講談社）
『できれば服にお金と時間を使いたくないひとのための一生使える服選びの法則』（大山旬／ダイヤモンド社）
『新・スーツの鉄則』（森岡弘／ＮＨＫ出版）
『最速でおしゃれに見せる方法』（ＭＢ／扶桑社）
『お洒落の本質』（干場義雅／ＰＨＰ研究所）
『クローゼット整理からはじまる40歳からの服選び』（大山旬／技術評論社）
『紳士の名品50』（中野香織／小学館）
『最強の服選び』（大山旬／大和書房）
『成功は服が決める』（西岡慎也／セブン＆アイ出版）
『男のお洒落道　虎の巻』（青柳光則／万来舎）
『賢いスーツの買い方』（しぎはらひろ子／プレジデント社）

たかぎ　こういち

スタイルアドバイザー。タカギ&アソシエイツ代表。1952年大阪生まれ。服飾雑貨卸業を大阪で起業。その後、1998年に現フォリフォリジャパングループとの合弁会社取締役に就任して以来、オロビアンコ、マンハッタンポーテージ、リモワ、アニヤ・ハインドマーチなど海外ファッションブランドをプロデュースし、日本市場に広める。また、「東京ガールズコレクション」「デザイナーズ&エージェント」など国内外のファッションイベントにも参画。現在は日本のビジネスパーソンのファッションリテラシーの向上を目指して体系化したオリジナルの「6ポインツ・メソッド」を伝えるべく、『日経DUAL』『WEDGE Infinity』などへの記事執筆や東京モード学園講師としても活動中。著書に『オロビアンコの奇跡』『LIKABLE GUY STYLING FILE 好感度な男のスタイリングファイル』(ともに繊研新聞社)他。

イラスト
田島重則（たじま しげのり）

ファッションディレクター。クリエイティブコンサルタント。1982〜1998年まで仕事と生活のベースをNew Yorkにて活動。その間、Alexander Julian Inc. デザイン室では、メンズコレクション企画を担当。北米プロバスケットボールチームのユニフォーム、インディーカーのデザインを手がける。グッゲンハイム美術館、ニューヨーク近代美術館（MOMA）とのコラボ商品の展開・販売も行う。Coach、Nautica、Orobiancoのブランド構築にも携わる。帰国後も、グローバルな視点、クリエイティブな思考で進化する市場に向けてビジネスをデザインしている。文化服装学院非常勤講師として、人材育成にも貢献している。

センスに関係《かんけい》なく「最適《さいてき》な服《ふく》」が選《えら》べるスーツスタイルの教科書《きょうかしょ》

一流《いちりゅう》に見《み》える服装術《ふくそうじゅつ》

2018年３月10日　初版発行
2018年４月20日　第2刷発行

著　者　たかぎこういち

発行者　吉田啓二

発行所　株式会社日本実業出版社　東京都新宿区市谷本村町３−29 〒162-0845
大阪市北区西天満６−８−１ 〒530-0047

編集部　☎03-3268-5651
営業部　☎03-3268-5161　振　替　00170-1-25310
http://www.njg.co.jp/

印刷・製本／三晃印刷

この本の内容についてのお問合せは、書面かFAX（03−3268−0832）にてお願い致します。
落丁・乱丁本は、送料小社負担にて、お取り替え致します。

ISBN 978-4-534-05571-2　Printed in JAPAN

日本実業出版社の本

結果を出す人の「飲み方」の流儀69

檀 れみ
定価本体1400円(税別)

「酒席での振る舞い方で仕事の実力もわかる」と元銀座トップホステスとして多くの一流の男を見てきた著者は説く。「会話力」「段取り力」をはじめビジネスに共通するスキルの磨き方を伝授する。

仕事ができる人の「走り方」

青山 剛
定価本体1500円(税別)

数多くの「働くランナー」を指導している著者が社会人が充実したランニングライフを送るためのコツを解説。仕事の合間に気軽にでき、ランニングの基礎となるストレッチや体幹エクササイズも紹介。

なぜか好かれる人の「ちょうど良い礼儀」

山﨑武也
定価本体1300円(税別)

礼儀はなかなか教わる機会がないが、「適切な礼儀」で印象は大きく変わる。「接待する人よりも先に行かない」「話をスマートに切り上げる方法」など、気が利く人がさりげなくしている礼儀を解説。

定価変更の場合はご了承ください。